書

松井秀喜
MATSUI Hideki

信念を貫く

355

新潮社

はじめに

２００９年12月13日。その日は、僕の代理人、アーン・テレム氏の奥さまの誕生日でした。夜にはイタリア料理店でパーティーが予定されており、夫妻は出かけました。

しかし、せっかくのパーティーの最中にもテレム氏は電話をかけたり、かかってきた電話に出たりと落ち着けなかったようです。フリーエージェント（ＦＡ）になっていた僕の移籍をめぐる交渉が大詰めに入っていたからでした。

テレム氏は、ヤンキースのＧＭであるブライアン・キャッシュマン氏との交渉のたびにパーティーを抜け、電話で話し合いをしなくてはならなかったのです。僕は、テレム氏に対しても奥さまに対しても申し訳ない気持ちでした。

このときの僕にできるのは、テレム氏のアドバイスを参考にして、自分にとってベストな選択をすることだけでした。

エンゼルスに移籍するか、ヤンキースからのオファーを待つか。

結局、ヤンキースとの交渉は深夜に及びました。途中、僕もインド料理を食べに出かけましたが、食事をしている最中も自分はどうすべきか悩みました。

そして、決心したのは14日の午前3時。僕の決断を受けてテレム氏はエンゼルスのトニー・リーギンスGMに電話を入れ、オファーを受け入れるという返事をしたのです。

新たなスタート地点が決まりました。

'09年のプレーオフ以降、激動といっても過言ではない日々を過ごしてきました。チーム一丸となってトーナメントを勝ち抜き、ヤンキースにとっては9年ぶりとなるワールドチャンピオンになることができました。

僕にとっても、大リーグに来てから7年越しの夢が叶《かな》ったのです。自分が加入してから、チームはチャンピオンシップから遠のき、'08年はプレーオフにすら進めませんでした。僕自身、手首の骨折、そして両膝の怪我と、故障が続きました。

不甲斐なさ、悔しさ、そして不安。

ここ数年、このようなマイナスの思考が、何度も僕の心を被《おお》いそうになったこともありました。しかし、そんな心理状態がよい結果を生むわけがありません。

最高のパフォーマンスをするために、心身ともによい状態でいたい。そう思い続け、行動してきました。その結果としてワールドチャンピオンがあり、さらにはシリーズMVPまで貰えたのではないかと思います。

でも、それで満足しているわけではありません。

僕はさらなる戦いの場を求めて、チームを移籍することを決めました。ワールドチャンピオンやMVPは到達点ではなく、ひとつの区切りに過ぎないのです。

'07年2月に出版した『不動心』（新潮新書）では、僕の思考法や野球への取り組み方などを紹介しましたが、たいへんな反響をいただきました。読者の方からの「励まされた」という言葉が、また、僕を励ましてくれました。

『不動心』から3年、その間には、また、さまざまなことが起こりました。本書では、僕がアメリカに来てから考えてきたこと、特に故障が続いたここ数年の気持ちと、新天地にかける決意を記していきたいと思います。野球選手という特殊な職業に就いている僕ですが、大好きな職業を精一杯やるなかで、さまざまなことを考えています。

いつも僕を応援し、励ましてくださる日本の皆さんに、その一端でもお伝えできたら幸いです。

信念を貫く——目次

はじめに　3

第1章　決して忘れない一日　11

ＧＭと監督の電撃訪問　12時間の攻防　本来の自分に戻る

最高の日　失投を逃さない

アリジゴクのように待つ　自分を信じる

第2章　「復活」ではなく生まれ変わる　39

骨折した箇所は前より強くなる　決して弱気にはならない

無理をしないという決意　微調整が進化につながる

試合に出られないときの思考法　もう若くはないけれど

好きな仕事をする幸せ

第3章　「強い肉体」との別れ　65

食事でつくった強い体　野球一筋でなかった少年時代
怪我から学んだこと　痛みと付き合うことを決める
試合に出たい　長嶋監督に諭されたこと
ファンからもらえる力　悔しさをエネルギーに変える

第4章　信じることをやめない　93

悪夢の左膝痛再発　首脳陣の意に反しても
曲げられなかった矜持　腫れを隠してでも
イメージトレーニングの効果　最後まであきらめない
疲労と痛みと絶望の淵で　最終戦出場を直訴
何もできなかった経験

第5章　世界一のファン、そして世界一の球場　131
優勝パレードの車上から見た景色　あこがれのニューヨーク
地元メディアの洗礼　最高のお手本　ジーターが教えてくれた誇り
誇りこそが力の源　世界一のヤンキースナイン　気持ちの区切り

第6章　人生で一番大切なこと　167
叱ってくれる家族　妻への感謝　亜希子さんの手料理
永遠の師　アメリカでの恩師　「チーム松井」を支える2人
職業としてのプロ野球選手

おわりに　187

第1章　決して忘れない一日

ＧＭと監督の電撃訪問

静まり返った深夜のダイニングルームに、時を刻む柱時計の音だけが響いていました。

エンゼルスに移籍するか、ヤンキースからオファーが来るのを待つか。

脇の下から、冷たい汗が、つーっと流れ落ちるのを感じました。手のひらにもじっとり汗が滲《にじ》んできます。

ダイニングルームの広さは30畳ほどだったでしょうか。薄いクリーム色の壁面には何枚もの抽象画が掛かっていました。そのうちの一枚が人間の形に見えることもあれば、動物に見えることもありました。

２００９年12月13日。正確に言えば、日付も変わった14日未明のことです。

僕はカリフォルニア州ロサンゼルスの郊外にあるアーン・テレム氏のご自宅にいました。時計の針は、すでに深夜2時を回っていました。決断のリミットが刻一刻と、迫っています。

その14時間ほど前、13日のお昼ごろでした。テレム氏のご自宅を訪ねると、そこには、エンゼルスのトニー・リーギンスGMとマイク・ソーシア監督が座っていました。

「ヒデキ、一緒にランチを食べよう！」

ソーシア監督は僕の目をしっかり見つめながら、

「なんとしても我がチームでプレーして欲しい。来季の我々のチームには、君の力がどうしても必要なのだ」と切り出すと、こう続けました。

「ヒデキには全試合に出場して欲しい。とりあえずＤＨ（指名打者）として考えているが、膝の状態がよければ、もちろん外野の守備にも就いてもらいたい。週に2、3日、いや、全試合守ってくれてもいい。とにかく我々に力を貸して欲しい」

契約年数や年俸など具体的な条件提示はありませんでしたが、ソーシア監督が心から僕を必要としてくれているという熱意は十分に伝わってきました。ソーシア監督の人柄のよさは以前から耳にしていましたが、実際に話してみて、すぐに好感を持ちました。アイスティーを飲みながら、サンドイッチをつまんだ昼食会は、2時間ほどだったでしょうか。

彼らが帰ってから約1時間後、午後3時くらいだったと思います。テレム氏の携帯電話が鳴りました。

さっきまで共に食事をしていたリーギンスGMからでした。年俸、契約年数などの具体的な条件を伝えてくれて、こう続けたそうです。

「これは正式なオファーです。返事は今日中、深夜12時までにください。返事がなければオファーは取り下げます」

ソーシア監督と会い、気持ちがエンゼルス入りに傾いたのは間違いありません。しかし、これまで7年間いたニューヨーク・ヤンキースから離れる決心は、すぐにはつきませんでした。

僕はヤンキースというチームも、チームメイトも、スタッフも好きです。マスコミやファンも含め、ニューヨークという街を気に入っています。

活躍した選手に賞賛を惜しまない一方で、結果を出せなかったときは手厳しい。そういう刺激的な環境が、元来、のんびり屋の自分に合っていることは、これまでの7年間で実感していました。ヤンキースは自分にとって、まさに理想的な環境でした。

自分の意思を決めるまで、残された時間はわずか9時間。イエスかノーか、僕自身が決断を迫られる一方で、テレム氏とヤンキースのブライアン・キャッシュマンGMとの駆け引きも本格的なものになっていきました。

12時間の攻防

今回の契約問題で、お金に関して自分からこうして欲しいという希望は、テレム氏には伝えていませんでした。

年俸がこれまでの半分くらいになりそうなことも、選手の実力を測る尺度のひとつがお金であることも、自分なりには理解していたつもりです。

でも、今回の契約ではお金以外に譲れないものが2つありました。

ひとつは、本当に自分を必要としてくれるチームでプレーしたいということ。そしてもうひとつは、起用法です。

２００8年に左膝を手術したこともあって、僕は1年半、守備から遠ざかっていました。医師からは、左膝が以前のものではないことを自覚しなさいと言われました。実際に守れるかどうか、プレーしてみないと分かりませんが、もう一度、外野手としてチャレンジするチャンスは与えてもらいたいと考えていたのです。

打って走って守ってこそ野球選手、というのが僕の基本的な考え方です。また、守備に就かないＤＨだと、どうしてもリズムが取りにくいという面もあります。

守備に就いていれば、試合の流れを体感しながらスムーズに打席に入れます。しかし、チームが守っている間、ベンチで戦況を見守るＤＨは、打席への気持ちの持っていき方が難しいのです。

ＤＨだけだと、どうしても出場機会が制限されてしまうこともあります。ＤＨに専念した'09年のシーズン、僕のスタメン出場は１６２試合中、１１６試合でした。

キャプテンのデレク・ジーター選手は僕と同じ35歳。4番のアレックス・ロドリゲス選手は34歳。扇の要ともいえる捕手のホルヘ・ポサダ選手は38歳。ヤンキースは主力にベテランが多く、彼らが休養を取るために、僕がスタメンから外れるケースは幾度となくありました。

チーム事情だから仕方がありませんが、外野手としてプレーできる機会が与えられていれば、彼らがDHに入るときでも、外野手として試合に出ることができます。

そういった理由もあって、僕はぜひとも外野を守るチャンスが欲しいと考えていました。でも、キャッシュマンGMは終始一貫して、「マツイはDH。外野手としてのチャンスはない」と言い続けていました。

そこにエンゼルスが「外野守備にも就いて欲しい。全試合、守ってくれても構わないんだ」と正式なオファーを出してくれたのです。ソーシア監督の言葉には、誠意を感じました。

契約問題に関して、僕がお金以上にこだわっていた「本当に自分を必要としてくれるチーム」、「守備に就くチャンスを与えてくれるチーム」という2つの条件を充たしていたのは、明らかにエンゼルスの方でした。

けれども、テレム氏は、すぐにリーギンスGMにオファーを受け入れるとは伝えませんでした。

テレム氏は、僕にとってヤンキースがかけがえのないチームであることをよく分かってくれていました。また、エンゼルスから僕の意に沿うようなオファーが来たとキャッシュマンGMに伝えることで、ヤンキースが譲歩する可能性を探ろうとしたのです。

エンゼルスもそんなテレム氏の思惑が分かっていたからこそ、オファーに対する返事に「今日中」という期限を設けてきたのでしょう。

「ヒデキ、もう少し、粘ってみよう」

テレム氏は僕に向かってこう言うと、携帯電話を手にしてキャッシュマンGMに連絡を入れました。そしてエンゼルスから好条件のオファーが来たこと、エンゼルスには深夜12時までに返事をすることを伝え、僕の外野復帰へのチャレンジを含めてオファーを出すよう迫ったのです。

代理人もGMも交渉のプロです。細かい駆け引きまではよく分かりませんが、テレム氏が僕にとって少しでもよい環境、条件でプレーさせようと動いてくれていることは十分、伝わってきました。

テレム氏がキャッシュマンGMと電話で交渉し、結果を聞いて僕がどうしたらよいか考える。そんなやり取りがしばらく続きました。

もう、間に合わない。テレム氏はそう判断したのでしょう。リーギンスGMに電話を入れ、返事のリミットを数時間、延ばしてもらったのです。

西海岸の深夜12時は、キャッシュマンGMがいる東海岸では翌日の午前3時になります。GMも代理人も、常識では考えられないような時間でも、お構いなしに交渉を続けるのです。

僕も自分にできる限りのこと、自分にとってベストの選択とはなにか、せいいっぱい考えたつもりです。

テレム氏もできる限りのことをしてくれましたが、しかし、ヤンキースのスタンスは最後まで変わりませんでした。

僕がFAになって1カ月以上経っていましたが、キャッシュマンGMの返事は、「ヒデキの件に関してはまだ、オーナーと話し合いをしていない」、「もう少し時間が欲しいので待って欲しい」の一点張りでした。

交渉が進展しないまま、時間だけがどんどん過ぎていきます。

正直に言いますと、僕は物事をスパッと決めることが苦手な人間なのだと思います。これまでも決断を迫られたとき、一度、結論を出しながら、でも、やっぱり違うなと思い直したことは何度もあります。

あきらめが悪いというか、どちらかといえば優柔不断な性格なのかもしれません。周囲の人から、そう言われることもあります。

ただ、もう一度、自分にとって何がベストなのか、最も大切なのは何かを、最初から頭の中で整理してみることにしました。

自分を本当に必要としてくれるチームも、守備にチャレンジしたいという僕の希望をかなえてくれるチームも、ヤンキースではなくエンゼルスです。

ヤンキースは確かに、自分にとって理想的なチームかもしれませんが、それは僕自身にとっての事情であり、ヤンキースにはヤンキースのチーム事情があります。

僕がヤンキースは自分にとってベストだと思っても、ヤンキースが僕を心から必要だと思わない限り、僕自身、よいパフォーマンスが発揮できるとは思えませんでした。本気で必要だと思わない選手と契約するのは、ヤンキースにしても本意ではないでしょうし、お互いが不幸になるだけです。

深夜、時間を気にしながら、僕は自問自答を繰り返していました。

チームと選手は「相思相愛」になって、初めていい仕事ができるのではないだろうか。請われていないチームに残ったとしても、僕にとってもチームにとってもマイナスにしかならないのではないか。

いつまでもヤンキースに恋々《れんれん》としていても道は開けない。潔く、当初からの希望通り、自分を最も必要としてくれるチームでプレーしよう。

こんなふうに考えて、僕はヤンキースを去る決断を下しました。

本来の自分に戻る

「新しい自分自身の出発にエキサイティングしています。来年は自分自身が身に付けてきたものを、エンゼルスのワールドチャンピオンのためにすべて出し切りたいと思っています。そのための準備をしっかりして頑張りたい。2002年以来のワールドチャンピオンを目指す一員として、素晴らしい組織に入れたことを誇りに思います」

12月16日、エンゼルスタジアムで行われた入団会見で、僕はこう言いました。

契約年数の「1年」は、エンゼルスが提示してくれたものではあったけれど、僕自身の希望でもありました。

とにかく'10年のシーズンは、自分のできる限り最高のパフォーマンスを披露したい。そして再び新たな評価を得て「自分を必要としてくれるチーム」を見つけたいという思いが強くありました。

僕は度重なる怪我で、最近はDHに専念していました。今回の契約問題で、ヤンキースからDHとしてしか評価されなかったのは、やむを得ないことです。1年半、指名打者としてのプレーしかしていないのですから、無理もありません。

けれども、自分は本来、外野手だと思っています。実際にグラウンドでボールを追いかけてみなければ分かりませんが、膝の具合さえよくなれば、外野手としてやっていく自信もあります。

だからこそ外野手にチャレンジする'10年は、1年間、自分なりに精一杯プレーしたい。外野手としてプレーすることができてもできなくても、もう一度、全力を尽くして出た結果を、自分なりに受け入れてみたいのです。やはり、打って走って守るのが、自分の本来の姿だと思うのです。

ヤンキースから正式なオファーをもらえなかったのは、仕方がありません。'10年は、開幕直後にヤンキースと対戦します。そのときはいいところを見せつけて、負かしてやりたいという気持ちはあります。でも、ヤンキースに対して特別な負の感情があるわけではありません。

ヤンキースは、本当に素晴らしいチームでした。伝統があり、チーム力もあり、チームメイトはプロ中のプロばかり。結果を出して当然で、出せなければ、それこそ代わりの選手が次から次へとやってきます。そんなシビアなチームで7年間もプレーできたことは本当に幸せでしたし、ヤンキースの一員だったことは僕の誇りでもあります。しかも、最後の年にはワールドチャンピオンになることができ、シリーズMVPまでいただくことができたのです。

これまで7年間、ワールドシリーズを勝ち抜くというのは一番大きな目標でした。それを達成するために海を渡って、メジャーに来たといっても過言ではありません。

ヤンキースは僕が入団する前、毎年のようにワールドチャンピオンになっていました。ベーブ・ルース、ルー・ゲーリッグ、ジョー・ディマジオといった名選手たちが着ていたピンストライプのユニホームに対する憧れもありましたし、ヤンキースならワールドチャンピオンになるという目標を達成できるのではないかという思いがあったのは事実です。

しかし、実際にはなかなかワールドチャンピオンには届きませんでした。'08年はプレーオフにすら出られなかった。'08年までは、僕にとって非常に悔しい6年間でした。

ヤンキースという選択が、自分にとって本当に正しかったのか。僕の考え方、見通しが甘かったのではないかと、自問自答したこともありました。

それだけに、最後の最後で念願がかなって世界一にたどり着けたのは、最高の喜びでした。

最高の日

その瞬間、僕はベンチを飛び出し、グラウンドに走り出していました。

2009年11月4日、ワールドシリーズ第6戦。9回裏2死、抑え投手のマリアーノ・リベラ選手が最後の打者を打ち取り、ヤンキースの9年ぶり27回目の世界一が決定したのです。

グラウンドで、首脳陣や主力選手たちと、次々に抱擁していたときのことです。大リーグ機構の方から「キミがMVPだ」と耳打ちされたときは、まさに天にも昇る心地でした。

表彰式で、バド・セリグ・コミッショナーからMVPのトロフィーを手渡された直後は、気が付いたら自然とガッツポーズをつくっていました。

横にいたジョー・ジラルディ監督やオーナーであるスタインブレナー家の人々の嬉し

そうな表情を見て、少しだけ恩返しができたかなという気がしました。

MVPのトロフィーを高々と掲げている間、嬉しかったことも辛かったことも含めて様々な出来事が、僕の脳裏を駆け巡ります。

ヤンキース入団1年目の’03年に、本拠地デビュー戦で満塁本塁打を放ったこと。同年のワールドシリーズでは、ヤンキースタジアムでマーリンズナインの歓喜の輪を目《ま》の当たりにしたこと。’04年のリーグ優勝決定戦で、レッドソックスに対し3連勝の後に4連敗してワールドシリーズ進出を逃したこと。’05年は地区シリーズの対エンゼルス戦で、自分が最後の打者になったこと。’06年の左手首骨折、’07年の右膝手術、そして’08年の左膝手術……。

世界一には届きませんでしたが、最初の3年間は、個人的には必ずしも悪いシーズンではなかったような気がします。けれども、その後、’09年までの4年間は、自分の体との闘いが加わりました。それゆえグラウンドで相手と戦う以前に、いかにして思うようなパフォーマンスを発揮するかで苦しまなければなりませんでした。

7年目にして、これまで目標にしてきた世界一になり、チャンピオンリングを得て、しかもMVPというオマケまでついてきたわけです。お盆とお正月が一度にやってきたような、とにかく僕にとって最高の一日でした。

自分でもまさかここまで素晴らしいことが起こるなんて、本当に想像もできませんでした。「オレ、何かいいことした?」と、自分に聞いてみたい気もしました。

しかし、同時に、勘違いするなよ、と自分に釘をさしておかなくてはいけません。目標だった世界一を達成、MVPをもらうこともできました。'09年のシーズンを、最高の形で締めくくることができたわけです。自分にとっては最高の幸せですが、世界一になってMVPまでいただいたことが今後の野球人生、いや、もっと言えば自分の人生にどう影響するか、この最高の幸せをどうプラスにしていくかは、僕次第だと思うのです。

それは今後の僕の課題です。いつまでも幸福な思い出に浸っていても仕方ありません。また、ゼロからのスタートです。

失投を逃さない

終わりこそよかったものの、2009年のシーズンは、当初から順風満帆《まんぱん》だったわけではありませんでした。

打撃に関して、僕は心掛けていることが2つあります。ひとつは、ボールを正確にとらえること。もうひとつは、ボールを自分のスイングで強く打つことです。

この2つは相反することなのですが、ボールをできるだけ自分の手元まで呼び込んでスイングするほど、強く、正確にとらえる確率は上がる気がします。

そのために重要だと考えているのが「間」です。投手の投げたボールを打ちにいくまでの「間」は、長ければ長いほどよい。僕の場合、調子がよいときほど、投手の投げたボールを長く見ていられる感覚になります。

ボールを長く見るためにも、軸足である左足にしっかり体重を乗せることが大切だと考えていますが、シーズン序盤はそれが思うようにできませんでした。

それには、'08年のシーズン終盤に左膝を手術したため、周囲の筋肉を十分に鍛えられなかったことが影響したのかもしれません。痛み自体はなかったのですが、膝の状態が思わしくないと十分なトレーニングができませんし、軸足の左足が不安定な感覚がありました。

膝の状態は一進一退でしたが、'09年の8月中旬に取り入れた神経筋無痛療法という新感覚のトレーニング（神経・筋肉・関節の運動性を高めると同時に正常化させる）や治療の効果もあって、それ以降は悪くなりませんでした。そして打撃の状態も悪くないまま、プレーオフに突入したのです。

地区シリーズ、リーグチャンピオンシップ、ワールドシリーズと、自分でも打撃は好調だったと思っています。

そして、ワールドシリーズ第6戦を迎えました。フィリーズとの対戦成績は、そこまで3勝2敗。この試合に勝てば世界一です。

大一番でも、試合に臨むスタンスはいつもと変わりません。ただ、ひたすら、チームの勝利だけを目指し、自分のできる限りの準備、備えをして打席に入るだけです。第6戦のときも、考えていたのはそれだけでした。

さいわい、左膝や打撃の状態はよく、地区シリーズから、打席でボールを長く見ていられる感覚は続いていました。つまり、「間」を十分に取れている状態でした。相手と対戦する以前に、自分の力を発揮できる状態にはあったといえます。

フィリーズの先発は、ワールドシリーズ第2戦でも対戦したペドロ・マルチネス投手でした。全盛時と比べて球速は落ちていましたが、その分、変化球をうまく使って打ち取っていくイメージでした。

このマルチネス投手から先制の2点本塁打と2点適時打を放つなど、この日は3安打6打点を記録することができました。

公式戦で通算1割4分3厘に抑えられていたマルチネス投手を攻略できたのは、第1打席が大きかったと思います。

0対0で迎えた2回裏、走者を一塁に置いたこの打席で、僕は本塁打を打ちました。フルカウントからの8球目をフルスイングしたのですが、この8球の攻防の中に、ワールドシリーズでMVPを獲得することができたポイントが集約されていたような気がします。

それは、失投を逃さないことです。8球目はまさにど真ん中に入ってきたストレートでした。おそらくマルチネス投手の失投でしょう。

野球には「偶然」と「必然」があると思います。

例えば、ワールドシリーズ第3戦、8回表にマイヤーズ投手から打った代打本塁打は「偶然」が重なった産物だったといえます。外角高めの速球を左翼へもっていった本塁打ですが、左翼方向に本塁打を打つには、あのコースで、なおかつ力のあるボールでなければ、あの場所までは打球が飛びません。しかも、若干、外角へ逃げていく速球のイメージがあったので、バットを遅れ気味に出すことができました。

球種、コース、球質がたまたまそうだったため、結果として左翼へ本塁打することができたのです。

けれども、第6戦第1打席のマルチネス投手の8球目を本塁打することができたのは「必然」です。なにしろ、ど真ん中に入ってきたストレートでしたから。失投ではありましたが、失投をひと振りで仕留めるには、正確で、なおかつ強いスイングが必要なことはいうまでもありません。

投手の技量が上がれば上がるほど、失投は少なくなります。マルチネス投手のような一流のピッチャーであれば、1試合に数えるほどしかありません。そのうちの1球を確実にとらえることができるかどうかは、打者の技量しだいだと思います。

どんなに練習をして技術を身につけても、人間ですからミスはします。けれども、練習によってミスの確率を下げること、自分の理想とするスイング、間の取り方でボールをとらえる精度を上げることはできると思うのです。

高校時代、試験で確実に得点を重ねるコツは、易しい問題をミスしないで解くことだと教わった記憶があります。それと一緒だと思います。確実に得点できる問題でのミスは、合否を分けるような致命傷になりかねません。

アリジゴクのように待つ

「アリジゴク」という昆虫がいます。ウスバカゲロウの幼虫です。すり鉢状の巣を作り、その底に潜んで、蟻などの生物が落ちてくるのをじっと待っています。あれは小学生の頃だったでしょうか。僕は砂地にアリジゴクが作った巣があるのを見つけたことがあります。

アリジゴクのように辛抱強くいられるかどうかはともかく、狙いが定まったら待つことが重要です。それは、決して消極的ということではありません。失投を逃さないためには、失投を待つ必要があるのです。

マルチネス投手から本塁打を打った打席の初球は、インコースの速球でした。見逃しのストライクでした。最初からインコースを意識していたわけではないこともあり、あえて手を出しませんでした。

僕の中には、あまり最初から強引にいきたくないという意識がありました。打者は状態がよければよいほど、色々な球を打ちにいきたくなるものですが、そこを我慢することが大切だと思ったのです。

ただし、初球、インコースに速い球がきたことで、この打席はインコース中心に速球で攻めてくるというのが分かりました。

ましてワールドシリーズ第2戦では、マルチネス投手の内角低めのカーブをうまくとらえて、本塁打を打っています。同じ内角を攻めてきても、今度は速い球だという意識が僕の中で働きました。

２球目も内角寄りの速球でした。今度はインコースを意識していましたから打ちにいきましたが、意識していた分だけ始動が早くなってしまいました。いい当たりではありましたが、右へ切れるファウルでした。

マルチネス投手からみれば、この球も失投だったと思います。それくらい甘い球だったのですが、これは僕が打ち損じてしまいました。マルチネス投手と同様に、僕も結構、ミスをしているのです。

それでも、もし初球から打ちにいっていたら、その球で打ち取られて２球目はなかったかもしれません。結果は打ち損じでしたが、初球から強引にいかなかったことが、２球目の失投につながったのです。

そしてカウント２−２からの６球目、内角カットボールに、辛うじてバットは止まりました。

これは、いいボールでした。内角の速い球を意識していますから、完全に打ちにいく球です。バットが出てもおかしくありませんでしたが、体に食い込んでくると分かった時点で、なんとか止まってくれたという感じです。状態がよい分、長くボールを見ることができ、結果としてバットが止まったのでしょう。

これでカウントは3−2に（大リーグでは、ストライクではなく、ボールを先に数えます）。そして8球目、アウトコース低めを狙ったストレートは本当に、ど真ん中にきました。

状態がよく、どんな球にでも対応できる気がするときほど、打者は欲が出るものです。僕もそうです。しかし、いくら状態がよくても、よいコースに、よい投球をされたら、なかなかヒットや長打を打てるものではありません。欲張ったばかりに、痛い目にあったケースは僕自身、数え切れないほどあります。

だからこそ慎重に、それこそアリジゴクのように、じっと待っている必要があるのだと思うのです。

マルチネス投手との対戦の6球目は、ボールだったけれど、素晴らしいコースへの素晴らしい投球でした。4球目の外角ストレートも、ボールになりましたが、非常に厳しいコースをついた球でした。

状態がよいからといって僕が手を出していたら、打ち取られた確率はかなり高かったと思います。繰り返しますが、状態のよさが結果につながらないこともあるのです。顕著だったのが、エンゼルスとのリーグチャンピオンシップでした。計6試合の打撃成績は21打数5安打の2割3分8厘、本塁打はなく、打点は3に終わりました。特に後半の3試合は12打数1安打でした。

ヤンキースはワールドシリーズ進出を決めましたが、エンゼルス戦で僕の結果が出なかったことを危惧する声もありました。

けれども、僕自身、状態は悪くないと感じていました。確かにヒットは少なかったけれども、ボールはしっかり見えていました。間の取り方も悪くなかったし、ボールが長く見える感覚はリーグチャンピオンシップの間も続いていました。だから、打率こそ低かったものの、5四球という結果になったのだと思います。

あまり打てなかった言い訳に聞こえてしまうかもしれませんが、このときのエンゼルスの投手陣は、揃ってコントロールが抜群でした。際どいところ、際どいところを、きっちり攻められたという印象でした。

ここで結果が出ないからといって、ドタバタと慌てふためいてしまっていたとしたら、ワールドシリーズでの好調もなかったかもしれません。

状態が悪くても結果が出ることもあれば、状態がよくても結果が出ないこともあります。だからこそ野球は面白いと思うのですが、大切なのは、目先の結果に左右されず、よい状態を保つことだと考えています。

プレーオフのような短期決戦で、なにより大切なのが結果であることは分かっています。最終的な目標はチームの勝利ですから、結果を出すことが重要なのは承知していま す。でも、その結果を出すためには、下手な近道はとらないほうがよいというのが実感です。まず、自分のよい状態を維持することを優先するべきだと思います。

自分の状態をだれより分かっているのは自分自身です。頭の中で思っている打撃と、実際の打撃がずれている場合も時にはあると思いますが、自分自身の感覚は信用できると思うのです。

結果が出ない状態が続くと、不安になるものです。けれども、たとえ状態がよくても、よい投球をされたら結果は出ないものさ、と、ある意味であきらめる姿勢がよい結果につながる気がします。

「肉を断らせて骨を断つ」ということわざがあります。広辞苑によると、「自分が相当の痛手を受けても、敵にはそれ以上の打撃を与えて打ち勝つ。捨て身で戦う覚悟をいう語」だそうです。

いい投球をされたら打てないとあきらめる、割り切ることとは、非常に勇気がいることです。ただ、自分の状態からいったん離れ、相手に合わせる、相手の失投を狙うことは、遠回りをしているようで、実は結果を出す確率が最も高い方法なのではないでしょうか。

「肉を断らせて骨を断つ」とは、まさにこのことを言うのではないかと、今回、世界一になったときに改めて感じました。

第2章　「復活」ではなく生まれ変わる

骨折した箇所は前より強くなる

　ここ数年、いや、はっきりと2006年以降と言っていいでしょう。知人やファンの方に会ったとき、視線を感じる位置が変わりました。以前ならば、まずは顔。それから、ちょっと引いたアングルから体全体を見て「大きいなあ」と言いたげな表情をされる、というのが普通でした。

　しかし、'06年以降は、僕の左手首を見ようと視線を送ってくる方が多くなりました。最初は「何を見ているんだろう？」と不思議に思っていました。左腕に巻いた腕時計を見ているのかなと思いました。

　コレクションといいますか、僕は何種類も腕時計を持っていて、その日の気分によって時計を選ぶことを楽しんでいます。だから時計が注目されているのかと思っていたのですが、それは違っていました。

皆さんが気にしていたのは、腕時計の下にある左手首の傷跡でした。

僕は、この年の5月11日に左手首を骨折しました。ヤンキースタジアムでのボストン・レッドソックス戦でスライディングキャッチを試みた際、芝生にグラブをとられる形になり、左手首の骨を折ってしまったのです。折れたというよりも、骨が砕けてしまいました。

後に、その時の映像を見てみると、グラブを持つ左手がグニャッとあり得ない方向に曲がっています。ヤンキースタジアムから、救急車でそのまま病院に運ばれ、生まれて初めて手術を受けました。

確かに、傷跡は今でも残っています。一生消えないでしょう。傷跡だけではありません。まだ腕の中にはボルトとプレートが残っています。これらを取り外すには、もう一度手術をしなくてはなりません。現役選手でいるうちは、このままでプレーすることになるでしょう。

普通に生活している分には違和感もありませんが、ちょっと触ったり、どこかに軽くぶつけたりした時には響き方が違います。他の部分が当たった時とは明らかに違っています。また、折れた箇所は骨が砕けた分だけ短くなっていると聞きました。見た目には分かりませんが、以前と同じでないことは間違いありません。

話は逸れてしまいますが、僕は腕時計の中でも、特に歯車などの動きが透けて見えるタイプのものが好きです。

時計は、職人さんが手作業で多くの小さな部品を組み合わせて作っていきます。どの部品が欠けても、正確な時は刻めません。どんなに小さな部品であっても、不必要なものはないでしょう。すべてのパーツがきちっと仕事をしているからこそ成り立つものです。時計の動きを見つめていると飽きません。鮮やかなチームワークをじっと見つめてしまいます。

人間の体も、それぞれの部位が精密な動きをしています。バットを握るのは手ですが、スイングするときは下半身も重要になります。もちろん、スイングするときにすべての部位の動きを意識するわけではありません。しかし、頭の動き、いやバットを握る指一本に至るまで、きっちり仕事をしているからこそ、いいバッティングができるわけです。

そういう意味でいえば、新聞などがスポーツ選手の怪我を書くときに使う「故障」という言葉は、まさに言い得て妙なのかもしれません。僕が体験した左手首の骨折は、まさに大きな故障でした。

ただ、機械と人間の体では、決定的に違うことがあります。時計ならば故障しても、部品を交換すれば元通りに戻ります。故障する前と同じように、正確な時を刻んでいけるでしょう。

しかし、人間の体は違います。完治したとしても完全に元通りにはなりません。痛みはなくなったとしても、元通りのパワーが出るとは限りません。無意識のうちに古傷をかばってしまうかもしれません。

左手首の骨折は、僕にとって生まれて初めての大きな怪我でした。正直に言いますと、長い期間グラウンドから離れなければならないことに、かなり大きなショックを受けました。

同時に、病院のベッドに横たわりながら「また野球ができるだろうか」、「グラウンドに立てるだろうか」、「またホームランが打てるだろうか」という不安も感じました。

僕は、常に前向きな姿勢であろうと考えています。それを徹底してきたつもりでもいます。しかし、あらためて難しいことだと感じました。怪我をした直後は、DVDで映画を見るなどして気分転換を図っても、いつの間にか画面から意識が離れていました。テレビ画面では楽しい映像が流れていても、僕の頭の中にはヤンキースタジアムのグラウンドが映し出されます。レフト前へ飛んできた打球を捕ろうと走って、滑り込むと左手がグニャリと曲がってしまいます。

もっとスタートが早ければ……

もっとスライディングをうまくしていれば……

ワンバウンドで捕るという判断もあったのでは……

何度も同じことを考えては後悔したものです。すぐには気持ちを切り替えられませんでした。少なからず、ついつい下を向いてしまう時期がありました。

気分が一転したのは、担当医のローゼンワッサー医師の言葉を聞いてからです。

「骨折した箇所は、前よりも強くなるよ」

一瞬、僕は返事ができませんでした。骨折という大怪我をして、左手首は自分の弱点になると思っていたからです。しかし、ローゼンワッサー医師は「君の左手首は、これまで以上の負荷に耐えられるようになるだろう」と言ってくれました。手術をしてボルトやプレートで固定しているからという理由でした。

本当に強くなるかどうかは僕には分かりません。しかし、「前よりも強くなる」という言葉が発想の転換につながったのは確かです。

それまでの僕は、怪我をマイナス要素としてしか受け止めていませんでした。しかし、もしかすると怪我をしたことによるプラス要素もあるのではないか、怪我をしたからこそ得るものもあるはずだ。そんなふうに考えるようになってきたのです。

元に戻ろうとするから苦しく感じます。しかし、前よりも進化するための戦いだと思えば、少々苦しくても我慢できるのではないか。そう考えると、スーッと悩みが消えていくようでした。

この頃、僕はメディアの取材に対し「前よりもすごい選手になって戻ります」というコメントをしています。これは単なる意気込みではありませんでした。怪我をしてしまった自分の気持ちを整理して、前に向かっていこうという思いが詰まっていました。ローゼンワッサー医師の言葉をもじって言えば、「怪我を経験した選手は、前よりもすごくなる」と考えたのです。

決して弱気にはならない

何だか怪我の話ばかりになりますが、左手首を骨折した翌2007年には右膝、そして'08年には巨人時代から痛めていた左膝を手術。それまで手術を知らずに生きてきた僕が、初体験後は、なんと3年連続で体にメスを入れることになってしまいました。

左手首の手術後は、医師から「前よりも強くなる」と言われましたが、膝の手術後は違いました。「まず、今までの自分の膝ではないという認識を持ちなさい」と最初に言われたのです。

まったくショックがなかったといえば嘘になります。でも、手術をする代償は絶対にあると思っていましたし、ある程度の覚悟はできていました。マイナス部分を自分がどうやって埋めていくかを考えていくしかありません。

要するに、怪我をしたことが現実なのです。この現実を大前提として受け入れないと、スタートラインにも立てないと思いました。

相次ぐ怪我は非常に残念な出来事でした。僕にとって厳しく、つらい時期であったことは間違いありません。

ただ、その頃の自分を振り返ってみても、決して弱気にはなっていなかったように思います。どの怪我の時にも、必ずいい形で戻ろうと考えていました。

もちろん、これだけ怪我をすれば、周囲の見る目が大きく変わるだろうことは容易に想像できました。おそらく、それまでは体が丈夫な選手だと認識されていたと思います。「怪我に強い」などと称してもらうこともありましたが、そういう見方はなくなると感じてはいました。

ただそれでも、迷惑をかけてしまったチームメイトや、落胆させてしまったファンに、「何だ、松井は大丈夫じゃないか」と思ってもらえるようにする。そういう結果を示すんだという気持ちは一貫して変わりませんでした。

大切なのは、気の持ち方だと思います。「前よりも強くなって戻るんだ」という強い気持ちを持っていれば、そのために何をしなければいけないか考えられます。そこから行動が変わっていきます。

前作『不動心』でも紹介しましたが、僕が過ごした星稜高校の一塁側ベンチや室内練習場には、こんな言葉が掲げられていました。

心が変われば行動が変わる
行動が変われば習慣が変わる
習慣が変われば人格が変わる
人格が変われば運命が変わる

もしかすると相次ぐ怪我に見舞われた僕は、野球選手として終わってしまう運命だったのかもしれません。しかし、強い心を持っていれば行動が変わり、運命さえも変えることができるはずです。

強がりと思われるかもしれませんが、リハビリをしている間も「必ず、前よりもすごい選手になってグラウンドに戻る」という気持ちが揺らいだことはありませんでした。

無理をしないという決意

どの怪我の時でもそうですが、しっかりと完治させるためには休む必要がありました。気持ちの上では、手術の翌日からでも思い切ってトレーニングしたいところです。しかし、そうはいきません。

左手首の骨折ならば、下半身は健康なのですから走ってもいいように思えます。ところが振動もよくないと言われ、しばらくはまったく動けませんでした。ＤＶＤで映画鑑賞をしたり、本を読んだりして過ごしていました。

膝の手術後も同じでした。いや、こちらはもっと深刻でした。オフの間には走り込みをしたいところですが、球団のセラピストからは「勧められない」と言われたのです。

もちろん走ることにはプラス材料も多いのですが、あえて患部に負担をかける必要はないと言われ、別の方法を採ることにしました。

自分の体重を利用したエクササイズ、バイクマシーンなど、室内で色々なメニューをこなす方法です。

バッターにとって、下半身を鍛えていく作業は非常に重要になります。バッティングを仕上げるためにも、本来ならば、どんどん走り込んでいきたいところです。

僕は走り込みが必要だと思って、何度もセラピストの方と話し合いました。でも、彼の立場からすると「勧められない」、「無理はするな」、「無理をして走る必要はない」と繰り返し言われました。そこまで言われては、走り込みはあきらめるしかありません。

それならば違うアプローチでやってみようと決意し、室内トレーニングに力を入れることにしたのです。それまでの自分のやり方とは違っていましたが、それも新たなチャレンジでした。

こうした方法が効果的だったのかどうか、正直言ってよく分かりません。でも何もしないというのが一番よくありませんし、こうした体験ができたことも怪我をしたからこそです。すべてが自分の糧《かて》になっていると信じています。

微調整が進化につながる

左手首を骨折した際には、復帰までの間にバッティングのフォーム改造にも取り組みました。

大リーグへ移籍して以来、逆方向、つまり左打者の僕にとってはレフトの方向へ打球を飛ばせるかどうかが重要なポイントでした。大リーグでは外角にストライクゾーンが広いため、そこにきたボールをいかにさばくかが勝負を分けます。

そのため、このときのフォーム改造では少しガニ股ぎみに構えることにしました。体が開いてしまうことなく、外角のボールを強く叩くのに適したフォームだと考えたからです。

怪我をしたときに限らず、僕は毎日のようにフォームの微調整を続けています。

「こうやった方がいいんじゃないか」

「いや、こっちの方がピッチャーの球に対応できるのではないか」

そんなことを考えながら、毎日バットを振っています。バッティングフォーム調整の旅は、野球選手でいる限り永遠に終わらないと思います。

もちろん基本として大きな軸はありますが、柔軟な気持ちで微調整を続けています。考え方でいえば、決して新しいものを探そうとしているわけではありません。自分の一番いい形、一番いいバッティングをどうやって出そうかと考え続けていると、結果的に微調整の繰り返しになるのです。

こうした微調整が、すなわち進化であるかどうかは分かりません。もしかすると、退化につながる微調整もあったかもしれない。でも、それも遠回りだったとは思っていません。貪欲《どんよく》に微調整を重ねていくことが結果的に進化へつながっていくと信じています。

そもそも、何かを成そうというとき、近道などないのかもしれません。

僕は2009年に念願のワールドチャンピオンになれました。巨人を飛び出し、ヤンキースへ入団したのが'03年ですから、7年目で達成した悲願でした。

入団時に想像したより、長い時間がかかりました。1年目こそワールドシリーズの舞台まで勝ち進みましたが、それ以後は、その舞台へすら進めませんでした。常勝球団のヤンキースとすれば、つらく長い年月だったと言っていいでしょう。

しかし、僕自身は、今は遠回りだったとは思っていません。負ける悔しさを味わい、左手首の骨折、両膝の手術を経験し、思うように試合に出られない日々もありました。そういったものが、すべて糧となって、つかんだワールドチャンピオンです。

苦しい日々があったからこそ、あの感激があったと思います。僕自身、ワールドシリーズでMVPという栄誉ある賞を頂きましたが、順風満帆な道を歩んでいたとしたら、大舞台で結果を残せていたかどうか分かりません。

父から「人間万事塞翁《さいおう》が馬」という言葉を贈られたことがあります。福と思われる出来事が災いを呼び、災いと思われる出来事が福を呼ぶこともあるという故事です。人間にとって何が幸いで何が災いか、表面的な現象だけでは分からないという意味があります。

僕にとって災いと思われた出来事が、福を呼んでくれたのではないでしょうか。そう思うと、怪我で休まざるを得なかった日々が無駄ではないと思えてきます。一歩一歩、進んでいく。一見、回り道のようであっても、無駄な一歩など存在しないのではないでしょうか。

ワールドシリーズが終わった数日後、テレビ局の取材を受けた際に、第6戦でフィリーズのペドロ・マルチネス投手から放ったホームランのビデオを見ました。ホームランを打っているから当然といえば当然かもしれませんが、自分でもいいスイングをしていると思いました。非常にいい状態で迎えた試合ですから、いい場面でいいスイングが出たということでしょう。

もちろん、このフォームが僕の完成形というわけではありません。これからも試行錯誤の連続でしょうし、数年後にはまったく違うフォームで打っているかもしれません。ただ、この時の僕にとってベストなスイングであったように思えます。

左手首の骨折も、両膝の手術も、非常につらい体験でした。しかし、決して無駄な道を通ったとは受け止めていません。すべてワールドチャンピオンにつながる道だったのかもしれない。そう思うと、手術の傷跡が愛おしくも感じられます。

試合に出られないときの思考法

先述した通り、僕は左手首を骨折するまで、巨人時代を含めて1768試合に連続して出場していました。その間も怪我はありましたが、試合に出られないほどのものはありませんでした。巨人での長嶋茂雄監督や、ヤンキースでのジョー・トーリ監督の配慮にも助けられ、毎試合グラウンドに立っていました。

それが骨折によって一変しました。チームが試合をしていても、グラウンドに出ずにベンチで仲間の戦いを見つめるだけの日が出てきました。大リーグは1シーズン162試合という長丁場を戦うため、レギュラー選手でも定期的に欠場して体を休めるという習慣があります。連続試合出場の記録がとぎれた僕も、同じように試合を休むようになりました。

膝を手術した後は、ますます休みが増えました。大事を取ることで、年間を通じて戦線離脱しないように、という首脳陣の配慮もあったのでしょう。また、他の選手の方が状態がいいと判断されたこともあります。

そこは監督やコーチの判断です。いずれにせよ、僕にとっては試合に出場するのが当たり前ではなくなりました。そこが怪我によって一番変わったところです。そして、一番つらいところでもありました。

素直な感情として、常に試合には出たいと思っています。いや、「出たい」と書くだけでは本当の気持ちを表現できていないような気がします。文字にするとすれば、「出たい。出たい。出たい」と何度も繰り返した方がいいでしょうか。いつでも、強く、そう思っています。

例えば「今日は調子がいい。膝の状態もいい。今日は出たい」と思っていても、スタメン表に僕の名前が記されていない日がありました。自分ではもちろん出たいけど、一歩引いて考えると、首脳陣としては他の選手をDHに入れたいという思いもあるでしょう。相手投手との過去の対戦成績から「今日は松井は出さなくてもいい」と判断する場合もあるでしょう。

それは理解できます。自分を主体に考えるか、チームを主体に考えるかで簡単にクリアできる問題だと思っています。

みんなが願っているのはチームの勝利です。そうではない選手はいないと、僕は思っています。みんなが願っている勝利のために首脳陣が決断したならば、もう割り切るしかありません。あまり自分を主張しすぎて、逆にチームを惑わせるようでは、チームの勝利を目指すという本来の目的から遠ざかってしまいます。

自分がコントロールできることとできないことを分けて考えなければいけません。そして、コントロールできることについては、結果につなげるべく努力をします。

例えば、打席に入ってからは自分でコントロールできます。相手投手のどういうボールを待って、どう仕留めていくか。それは基本的に僕自身に決定権があります。いいバッティングができるよう、心も体もコントロールすべく努力できます。

でも、試合に出る、出ないを判断するのは監督であり、コーチです。僕に決定権はありませんから、これはもう仕方がないことです。割り切るしかありません。

僕とすれば、首脳陣に「松井を使おう」と思わせるようなコンディションを整え、また代打で途中出場があれば、チームの勝利に貢献できるようなバッティングを目指すことです。そこまでは自分である程度コントロールできるでしょう。

「何でスタメンじゃないんだ」と不満に心を乱す暇があったら、自分でコントロールできるチャンスを生かすべく全力を尽くす方がいいと思っています。

コントロールできることと、できないことの区別。野球に関して言えば、僕はある程度できていると思っています。

野球以外のことになると、できていない部分もあるかもしれません。いや、正直に言えばできていない方が多いでしょうか。

もう若くはないけれど

ワールドチャンピオンという目標を達成した後、自然と次に乗り越えるべき壁が頭に思い浮かびました。もちろんワールドチャンピオンは毎年の最終的な目標として続いていきますが、個人的には次のステップに進む必要がありました。

それは、守備につくということです。もちろん打つこと、走ること、すべてにおいて、いい結果を出していきたいと思っています。すべて怪我との闘いの延長線上にあるものですが、やはり、もう一度守るんだという気持ちを強く持っていたいと思いました。

2009年のシーズンは、先発出場したすべての試合で守備につかないDHでした。結局、一度も守備につく機会はありませんでした。

ヤンキースが属するアメリカン・リーグではDH制を採用していますが、一方のナショナル・リーグにはありません。そのため、別のリーグ同士が戦う敵地での交流戦やワールドシリーズではDH制がないので、出場機会が制限されてしまいます。

実際、この年のワールドシリーズでは、敵地フィラデルフィアで行われた第3戦、第4戦、第5戦の3試合は先発から外れて、代打での起用となりました。

チームとしては当然の決断だと思います。レギュラーシーズンで一度も守備についていない選手を、大一番で守らせるリスクはあまりに大きいですから。しかし、非常にいい状態でワールドシリーズを迎えた僕としては、モヤモヤした思いが残ったことも事実です。

DH制を否定するわけではありません。むしろ、その逆です。'09年でいえば、DH制があったおかげで僕はシーズンを乗り切れました。DH制のないリーグにいたら、この年の成績はまったく変わっていたと思います。そういう意味で、この制度に感謝しています。

しかし、あくまでも僕個人の感覚ですが、やはり野球というのは守備にもついた方が自然に試合に入れると思います。守って、ベンチに戻って、打席が近くなったらネクストバッターズサークルに入って、打席を迎える。これが自然の流れです。グラウンドから離れる瞬間がないので、球場に流れている空気を常に感じていられます。

ＤＨの場合は、準備をするために一度ベンチの後ろに行かなければいけません。再びグラウンドに戻ってきたとき、パッと同じ空気に入っていかなくてはいけない。このへんのコントロールは非常に難しいものがありました。

正直、'09年は膝の状態によって「今日は守備もいけるな」と思う日もあれば、「今日はダメだな」と感じる日もありました。膝の状態を過信はできません。「打撃も、守備も、毎試合出場も」と、気持ちばかりが先走ってしまえば、体が悲鳴を上げてしまうでしょう。

若い頃は自分の体に対して、ほとんど気を使わなくてもよかったのですが、これからはそうはいかないでしょう。膝の状態を把握しながら、自分の体の調子を見てやっていく必要があります。「やるぞ」という意欲だけで突っ走れる状態ではありません。

何歳までプロ野球選手としてプレーできるかは分かりません。あと何年あろうとも、左手首や両膝が元通りになることはありません。じっくり自分の体と付き合いながら、「打つ」「走る」「守る」の全てに挑戦していきたいと思っています。

好きな仕事をする幸せ

2003年にヤンキースへ移籍してから最初の3年間というのは、先ほども記したとおり、個人的には決して悪いシーズンではありませんでした。もちろん、その時々で打てなかったり、うまくいかなかったりという悩みや苦しみはありました。それでも夢だった大リーグで奮闘し、野球選手として非常に幸せな時間だったと思います。

'06年からの4年間は、自分の体との闘いも加わってきました。怪我と過ごした4年間といってもいいでしょう。

苦しい時もありました。でも、怪我を通して、あらためて感じたことがあります。それは、やっぱり野球が好きだということですね。非常に単純なところですけど、原点を再認識したと言ってもいいと思います。

好きな野球だから妥協はしたくありません。好きな野球だから負けたくありません。勝ちたい。根本にあるのは、それです。好きだから、自分の前にどういう壁があろうとも、それを乗り越えてやるという気持ちにつながるのではないかと思います。

僕にとって今、野球は仕事でもあります。野球をすることで球団から年俸を受け取っています。プロとしての自覚を持って野球に取り組んでいます。

ただ、僕は義務感だけで仕事に取り組んではいません。もっと単純な動機があります。

小学生の頃、なぜ野球を始めたかといえば、単純にやりたかったからです。実家近くの田んぼで、兄や兄の友達と一緒に野球をしていました。それから、兄と僕で父にお願いして、キャッチボールに付き合ってもらいました。松井家では、日曜日の午前中の日課でした。

ボールを追いかけるのが楽しくて仕方がありませんでした。友達と野球をしている時は、打順が待ち遠しくて仕方がありませんでした。もっと投げたい。もっと打ちたい。

何で、こんなに早く太陽が沈んでしまうんだろう。帰る時間になってしまうんだろう。そういう気持ちで野球をしていました。

中学、高校と進んでいくごとに、楽しいだけではなくなります。練習は厳しいし、チームが負けてしまったり、自分が打てなかったりすれば悔しい思いをかみしめることになります。一時的な感情でいえば、「いっそ、やめてしまいたい」と思ったことも数知れずあります。

でも、やめることなく続けてきました。

それは、今でも野球が大好きだからです。大好きだからこそ、つらくても耐えられます。厳しい道のりでも進んでいこうと思えます。

その気持ちは、小学生時代から今まで一貫しています。プロとなった今も「野球が大好きだから」という根本の思いは、まったく変わっていません。

以前、本で読んだことがあります。大リーグ最後の4割打者、テッド・ウィリアムズ（レッドソックス）は、バッティング練習で快音を響かせた後で、こうつぶやいたそうです。「おもしろいな。なんておもしろいんだ。一日中やっていても飽きやしない。その上で金までもらえるんだからな」

テッド・ウィリアムズほどは打てない僕ですが、「一日中やっていても飽きやしない」という気持ちは同じです。

確かに、怪我との付き合いは楽しいものではありません。でも、大好きな野球を続けていくための道のりです。決して逃げることなく、立ち向かっていきたいと思っています。

第3章　「強い肉体」との別れ

食事でつくった強い体

多くのプロ野球選手がそうだと思いますが、僕も体の強さには自信を持っていました。僕の故郷、石川県能美《のみ》郡根上町（現・石川県能美市）は日本海に面しており、海の幸がいっぱいありました。

子供の頃、食卓には毎日のように刺身が並びました。それに大きなコップになみなみとつがれた牛乳も食卓の定番でした。好き嫌いはなく、たっぷりとご飯を食べて育ちました。子供の頃の写真を見ると、僕は丸々と太っています。健康そのものといった感じがします。両親のおかげです。

両親といえば、母はマスコミにインタビューされた際に「秀喜は小さい頃ピーマンが嫌いで、ご飯と一緒に炒めたりして食べさせました」と答えています。僕はピーマンが嫌いだった記憶はないのですが、それも母がこうして工夫した料理で食べさせてくれたからでしょう。もちろん今では、ピーマンもしっかり食べています。

強い体作りは、まず食べることから始まると思います。僕は野球教室などの機会に、子供から「どうやったらホームランを打てるようになりますか」などと質問されることがあります。技術的に言えば色々とあるのは当然ですが、僕は「好き嫌いなく、しっかりご飯を食べること」「毎日努力を続けること」と答えています。

どんなに野球が上手になっても、怪我ばかりではレギュラーを守れません。それどころか、上達するための猛練習もできません。体の強さというのは最大の武器になります。プロになった今でも、バランスよく食べて体調を維持しています。トレーニングで筋肉をつける上でも栄養は欠かせません。怪我の少ない選手は、ほぼ例外なく食事にこだわりを持っていると思います。

プロになってからの食事には「気分転換」という効果も加わりました。僕はいつも「大抵の疲れや悩みは、おいしいものを食べて、ゆっくり寝れば解消されてしまう」と言っています。

試合が続けば体が疲れてきます。チームが負けたり、打てなかったりすればストレスも感じます。そして、ついつい考え込んでしまう。しかし、反省は重要ですが、必要以上に引きずってしまえばマイナス思考に陥るだけです。どこかでリセットしなければなりません。

毎日のように試合をするプロ野球選手にとって、この「リセット」するという作業は非常に重要だと思います。十二分に反省したら、次へ向かって前に進むということです。

僕の場合は、まずシャワーです。活躍した日も、失敗した日も、試合の喜怒哀楽は温かいお湯とともに流してしまいます。まず、これがスイッチオフへの第一歩です。

結婚してからは、新しい作業がひとつ増えました。試合前に外した結婚指輪を指に戻すのです。野球をするときはクラブハウスのロッカーに大切にしまっておきます。それを薬指に戻す瞬間が、オンとオフの切り替えになります。シャワーだけでは流せなかった喜怒哀楽も、これで払拭《ふっしょく》できます。

そして食事です。僕は、なるべくゆっくりと時間をかけて食事をします。自宅ならば妻と、遠征先などでは広岡勲広報やロヘリオ・カーロン通訳たちと楽しい話をしながら、ゆっくりと食事をします。

僕にとって食事は、単なる栄養補給ではありません。リラックスして、次のステップへと向かっていくために欠かすことができないものです。

僕たち野球選手が、どんな食事をしているか、みなさん興味があるのではないでしょうか。

たまには高級な店に行くこともありますが、普段はのんびりと食事ができるお店を選んで入っています。日本では焼き肉や和食、鮨、鍋料理、それから中華料理と、何でも行きました。僕は和食が好きなので、和食系のお店に行く機会が多かったです。

肉、野菜、魚、炭水化物。メニューに気を付ければ、ほとんどのお店でバランスよく食事ができるものです。行きつけのお店では、いろいろと配慮して作って頂いたりもしました。

また、巨人時代には母が石川県から上京して、作り置きをしておいてくれた頃もありました。電子レンジで温めれば、いつでも手作り料理を食べられるので、これには本当に助けられました。

ある日の僕の食事が新聞（日刊スポーツ）に掲載されて残っていました。１９９８年４月24日、初めて左膝を痛めたこともあって減量に取り組んでいた頃の話です。98kgの体重を94kgまで減らしたところで、あと２kgの減量に取り組んでいると記事には書いてあります。

松井のある日の献立（東京ドームの試合日）

◆朝食（正午）　刺し身、納豆、筑前煮、コンブ煮、キムチ、らっきょう漬け、おから、ご飯（どんぶり）１杯

◆昼食（午後４時30分）　うどん（またはそば）、おにぎり、バナナなど果物

◆夕食（午後11時）　焼き魚、サラダ、ウーロン茶

朝食はまさに母が作り置いてくれた食事です。記事では、僕が「高血圧のおやじの食事みたいなんですけどね」とコメントしていますが、これは照れでしょう。体調を管理

する上で、どれほど助かったか分かりません。

正直、メジャー1年目は少しばかり困ったこともありました。いいレストランを見つけられず、結局ホテルの部屋でレトルト食品を温めて食べたこともあります。

「ああ、おいしいものが食べたい」と思って、いろいろとレストランの情報を集めたりもしました。電話帳をめくって、これと思う店に電話してみたり、実際に行って店構えを見てから入るかどうか決めたこともあります。今となれば、それはそれで楽しい思い出になっています。

しっかりと食事をすること。それが僕にとって唯一にして最大の体調管理でした。怪我をするまでは、ですが。

野球一筋でなかった少年時代

もう少し子供の頃の話をしたいと思います。

強い体を作るという意味で、幼少時代に野球以外のスポーツに取り組んだ経験が大きかったと思います。

小学1年の夏に、4学年上の兄、利喜とともに少年野球チームに入りました。小学校の高学年が中心となって構成されたチームですが、僕は体が大きかったこともあり入団が認められたそうです。

ところが、この時は1週間で辞めてしまっています。体が大きいとはいえ、中身は1年生です。上級生と同じようにテキパキと動けず、迷惑をかけてしまったためです。

最初に本格的に打ち込んだスポーツは柔道でした。小学4年になって近所にある「根上町武道館」へ通うようになりました。

当時で身長160㎝、体重60㎏でしたから、かなり大きい4年生だったといえます。始めて3カ月ほどで3級を取り、5年生、6年生の時は能美郡大会で連続して個人戦に優勝しました。5年生では石川県大会でも個人戦で3位に入っています。得意技は内股と寝技でした。

石川国体の強化選手に選ばれたこともありますし、自分で言うのも変ですが、なかなかの有望選手だったのです。中学に入る時は、5年生になって再びやり始めた野球部に入ろうか、柔道部に入ろうか迷ったぐらいです。

また、中学1年の頃には根上中学の代表として能美郡の相撲大会に出場し、優勝を飾ったこともあります。このとき身長170cm、体重何と95kg。体重は今とほぼ同じですから、どれだけ大きな少年だったか分かってもらえると思います。

自然がたっぷりの故郷ですから、川で魚を捕ったり、田んぼで泥まみれになったり、手取川でのエビ釣り、沼地でのザリガニ釣りなど遊びにも一生懸命でした。

体を動かすばかりでなくピアノや習字も習っていました。ピアノは父がエレクトーン、兄がクラシックピアノを習っていたこともあり、僕も影響を受けたのです。兄との連弾で発表会に出たこともあります。

巨人に入団して合宿所へ入るときもキーボードを持参しました。今ではほとんど弾いていませんが、また始めたいと思っています。

とにかく、おいしいご飯をたっぷり食べて、夢中になって遊んで、スポーツをやって、大きな病気も怪我もせず、元気いっぱいで育ってきました。

中学で野球部に入ると猛練習が始まりました。高校時代も厳しい練習で鍛えられたものです。どんなに厳しい練習をしても、僕の体はビクともしませんでした。小さな怪我はありましたが、深刻なものはありませんでした。

僕は病気や怪我とほとんど付き合うことなく、少年時代を過ごしました。両親からもらった、この体には絶対の自信を持っていました。

怪我から学んだこと

プロに入れば、そうそう怪我と無縁ではいられません。2月にキャンプインしてから10月まで、それこそ毎日のようにプレーします。体への負担は計り知れません。どんなに強い体を持ち、どれだけ慎重に体をケアしていても、誰しもどこかを痛めてしまうのではないでしょうか。

最初の怪我はプロ2年目でした。1月にジャイアンツ寮の地下室でネットに向かってスローイング練習をしていたとき、背中の奥にピリッと痛みを感じました。背中の筋肉がつってしまったような感じでした。

「まあ、大したことはないだろう。何日か休めば、また元の状態に戻るだろう」
若さゆえの甘さがありました。怪我に慣れていない僕は、完全に怪我を甘く見ていたのです。

治療もせずに練習を続けていたら、症状はなかなか回復しませんでした。それどころか、数日後には激痛が走るようになっていました。

球団にもずっと隠して練習を続けていましたが、1月下旬にスポーツ新聞に怪我のことを書かれてしまいます。怒られました。トレーナーから「何で悪くなる前に報告してこないんだ！」と厳しく指導されました。

2月の中旬になり、ようやく病院で検査したところ「胸部椎間板《ついかんばん》障害」と、予想以上に重い診断をされました。野球どころか、立ったり座ったりという動きすら思うようにできなくなってしまい、リンボーダンスのような状態でタクシーに乗り込んでいた記憶があります。

この怪我は勉強になりました。痛めた時に「大したことないだろう」と甘く見たため、悪化させてしまいました。また、少し状態がよくなると、遅れを取り戻そうとしてバットを振り回したため、再び悪化させてしまいました。怪我への対応としては最悪といっていいでしょう。

トレーナーのアドバイスを受けて水泳トレーニングに取り組みました。また、この頃から両親が僕にファックスを送ってくれるようになりました。父から「人間万事塞翁が馬」という言葉を贈ってもらったのも、この怪我の時でした。

調整段階では苦しみましたが、その年のシーズンは開幕戦で2本塁打を放つなど上々のスタートを切れました。チームはセ・リーグ優勝を果たし、日本シリーズでも西武を破って日本一の座に就くことができました。まさに「塞翁が馬」でした。

こうして、僕と怪我との付き合いが本格的に始まりました。

痛みと付き合うことを決める

次に痛めたのが、それから10年後の2008年に手術することになる左膝でした。1998年の自主トレ中に左膝に違和感を覚えました。キャンプに入ってもよくならないので病院で検査したところ、「左膝内側棚障害」と診断されました。大腿骨と膝蓋骨《しつがいこつ》（お皿のこと）の間に「棚」といわれる「ひだ」がはさまり、炎症を起こすものです。

痛みをやわらげるためには手術も必要だと言われ、目の前が真っ暗になりました。選手生命の危機を感じ、涙がこみ上げてきました。

この時点で手術という選択肢もありましたが、僕は回避する道を選びました。怪我の場合は個人差がありますが、僕の場合は手術すれば状態は数段よくなるとはいえ、完全に治るわけではないと言われました。

さらに手術となれば戦線から離脱することになってしまいます。メリットとデメリットを検討した末に、周辺の筋肉を鍛えていくなどのトレーニングに取り組むことにしました。シーズンを戦ってみて、どうしても痛みが引かないようならば、オフにあらためて手術を検討することになりました。

神経を鍛えるトレーニングも始めました。巨人の本拠地である東京ドームは人工芝のグラウンドなので、都内で土のグラウンドを探し、走ってから東京ドームへ向かう日もありました。

両親からは電磁波を使った、血行がよくなる医療用の椅子を贈ってもらいました。母からは「納豆、オリーブ油、おから、らっきょう、こんぶ、のり、ごま、バナナ、ヨーグルト、酒粕、養命酒、シーチキン、卵は毎朝摂ってください」というメモをもらい、冷蔵庫に貼っておきました。両親や周囲の方々の力を借り、まさに選手生命をかけた闘いがスタートしました。

消炎剤や鎮静剤を使いながらプレーを続けていましたが、開幕直後はホームランどころかヒットも出ませんでした。開幕4番に抜擢《ばってき》されたのですが、2試合目から6試合ノーヒットが続くなど、打率が1割を下回ってしまうこともありました。

33打席ぶりにヒットを打った際に「心の中ではボロボロ泣いていたんですよ。初安打よりうれしい」とコメントしていますが、決して大げさではありませんでした。

膝の痛みと付き合いながらシーズンを乗り切りました。チームは優勝を逃したものの、僕は夏場から状態がよくなり、34本塁打で本塁打王、100打点で打点王と、初めてタイトルも獲得できました。

十分なケアをすれば手術をせずともプレーは続けられると判断し、僕は膝の痛みと付き合っていく覚悟を固めました。

結果的に、10年後に左膝を手術することになったわけですが、僕は'98年当時の決断が間違っていたとは思っていません。医師や首脳陣と相談し、その時としてはベストと思われる選択をしたつもりです。

もちろん怪我は避けたいと思います。しかし、それは何のためかと言えばプレーしたいからです。十分にプレーできるのに手術のリスクを負い、チームから離れるという決断は、僕にはできませんでした。タイムマシンで当時に戻れたとしても、やはり同じ決断をするでしょう。

試合に出たい

プロ入り後は怪我との付き合いも増えてしまいましたが、1995年の5月30日から1試合も休まずに試合にフルイニング出場を続けました。

しかし、フルイニング出場は'99年に脇腹を痛めた際に途切れてしまいました。オールスターゲームの時、体調管理ができず風邪を引いてしまい、そのまま出場した無理がたたってしまったようです。その年のオールスターは雨が降っていて、夏場なのに肌寒いという状況も不運でした。

後半戦の最初の試合前、長嶋茂雄監督は「行けるところまで行ってみろ」と言ってくださり、先発メンバーに僕の名前を入れてくれました。確かに無理をすればプレーできたかもしれません。

しかし、脇腹の痛みはひどく、これではチームに迷惑をかけてしまうと感じました。僕が無理をするよりも、他の選手が出た方が試合に勝てる確率は高いだろうなと判断し、試合直前になって僕の方からスタメンを断りました。

代打で出場したので連続試合出場は続きましたが、僕は記録うんぬんよりも、体調管理の甘さからチームに迷惑をかけてしまったことを反省しました。

僕は、記録のために試合に出たことはありません。試合に出たいと思うのは、野球選手として当然のことです。少年野球でも草野球でも、ユニホームを着ている選手ならば誰でもそう思っているはずです。レギュラーとして出してもらえる以上、「ここが痛い」とか「疲れた」とは言っていられません。

プロ入り直後は、休んだらレギュラーを奪われるのではないかという危機感がありました。主力になってからは、球場を訪れるファンを、僕が出ないことでガッカリさせたくないという思いもありました。もちろん、記録そのものが励みになったときもありました。毎日、試合に出ようというモチベーションは、その時々でいろいろとありました。ただ、どんな時でも根本にあるのは、「試合に出たい」、「打席に立ちたい」という単純な思いでした。

だから、連続試合出場の記録が途切れてしまった今でも、同じ思いを抱いています。記録が途切れてしまったから「もう、いいや」という気持ちはありません。膝の状態は決して楽観できませんが、この痛みと付き合いながらも毎日グラウンドに立ってボールを追いかけたいと思っていますし、そうなるべく挑戦していくつもりです。

長嶋監督に諭されたこと

大リーグでは、主力選手であっても時にスタメンから外れて休養が与えられます。1シーズン162試合という長丁場を乗り切っていくため、怪我を未然に防ぐという目的があります。たった1試合でも、効果はあると思います。

体そのものも休ませることができますし、気分的にかなりリフレッシュできます。ベンチから仲間の試合を観戦しながら、相手投手の攻め方などを頭の中で整理する機会にもなります。また移動日の前日に先発を外れれば、実質的に連休になりますから、僕のように怪我を抱えている選手にとっては、治療の機会にもなります。

ヤンキースへ移籍直後の僕は、メジャー流に反して毎日出場していたわけです。しかし、連続出場を続けることは、元をただせば、実はメジャー流なのです。ややこしい言い方になりますが、僕は日本にいたときから大リーガーのスピリットを注入されていて、だからこそ試合に出続けたのです。それを教えてくれたのは、長嶋茂雄監督でした。

巨人に入団した1993年から2001年までの9年間、長嶋監督のもとでプレーしました。長嶋監督には褒められた覚えがなく、いつも厳しい指導を受けました。監督のご自宅やホテルの一室で、素振りをしながら色々と教わりました。

そのひとつに「毎日試合に出ろ」というものがありました。王貞治さんと長嶋さん、いわゆるONはオープン戦であっても、ほとんどの試合に出場したそうです。多くのファンはONを見に球場に来ます。もしも、どちらかが不在だったら、どれだけ落胆するか分かりません。

「いいか、みんなが松井を見にくるんだ。そういうファンをガッカリさせてはいけない。巨人の中心選手には、そういう役割もあるんだ」

みんなが僕を見にくるかどうかは別として、長嶋監督が言うことは非常によく分かりました。僕の故郷、石川県にはプロ野球球団がありません。だから試合を見たいと思えば、名古屋や大阪まで出ていきます。

子供の頃、僕は父に頼んでチケットを取ってもらい、何日も前からワクワクして眠れない日を過ごしました。当時はドーム球場なんてありませんから、天気予報のチェックも欠かせませんでした。せっかくの観戦なのに雨天中止ではたまりません。

当日、何時間も電車に乗って球場へ向かいます。ようやくスタンドの椅子に腰を下ろしたら、お目当ての選手が休んでいたのでは、どれだけガッカリするでしょうか。

長嶋監督の話には、ＯＮだけでなく、ジョー・ディマジオも出てきました。ヤンキースの伝説に残る名選手で、人気も絶大だったスーパースターです。紳士的な立ち振る舞いと、常に全力プレーでファンを沸かせたといいます。

56試合連続ヒットという不滅の記録からも、日々の試合に集中して臨んでいたディマジオの姿が思い浮かんできます。長嶋監督はディマジオと親交もあり、もっとも好きなプレーヤーだったと言います。

監督によれば、引退前のディマジオは左かかとを痛めて手術を受け、松葉杖なしでは歩けなかった時もあるなど、苦しんだそうです。そんな状況であっても全力プレーを続けたといいます。大リーグではもちろん、日本のプロ野球でも、今はこんなことは許されないだろうと思います。

どうして大差で勝っている試合でも、負けている試合でも全力でプレーをするのか。その理由を問われたディマジオは「観客の中には僕のプレーを初めて見る人がいるかもしれないだろう」と答えたそうです。

連続試合出場でいえば、２６３２試合に連続出場したカル・リプケン・ジュニア（オリオールズ）や、2130試合のルー・ゲーリッグ（ヤンキース）が有名ですが、僕は長嶋監督からディマジオのスピリットを話してもらいました。

アーネスト・ヘミングウェイの名作『老人と海』に、こんな一節が出てきます。老人は大海でたった独り、命をかけて巨大な魚と格闘します。体が傷付き、疲れきったときにディマジオを思い浮かべます。

「だが、自信をもたなくてはいけない。大ディマジオは踵に骨の蹴爪ができたのに、それをこらえて勝負を最後までやりぬく男だ。おれだって負けちゃいられない」

「しかし、きょうのおれには大ディマジオだって頭をさげるだろうな。そりゃ、踵はなんでもないさ。けど、手と背中の傷はひどかった」

（福田恆存訳＝新潮文庫）

老人が苦しいとき、つらいとき、ディマジオの姿が勇気を奮い立たせてくれたのです。

ディマジオという選手が、この時代の人々にどう思われていたか理解できるような気がします。

僕もこの老人と同じ気持ちでいます。僕だって負けてはいられません。まだまだディマジオの実力には遠く及びませんが、まずはそのスピリットから受け継いでいきたいと思っているのです。

ファンからもらえる力

老人が苦しい時にディマジオを思い出したように、もしもファンの方が「松井だって頑張っているんだから」と思ってくれたら、プロ野球選手として幸せに感じます。

僕がプレーするモチベーションというのは、純粋に「勝ちたい」、「いいプレーをしたい」というところにあります。決して自分からファンへメッセージを発信しようと思ってプレーしているわけではありません。人の心は、動かそうと思って動かせるものではありませんから。

それでも、チームが勝つために戦っている僕の姿を見て、ファンの方が何かを感じてくださるならば、素直にうれしいと思います。もしも「松井だって頑張っているんだからオレも」と思っていただけたとすれば、プロ選手として最高の幸せと言っていいかもしれません。

巨人時代から、病気と闘う人と会う機会が何度もありました。小さな体で難病と闘う子供と出会ったこともあります。僕のグッズで埋まった病室で「松井さんのホームランを見ると頑張ろうと思えます」と言われました。

僕は医者ではないから、病気を治してあげることはできません。僕にできるのは、全力でプレーすることだけです。チームが勝つため、一生懸命にプレーをするしかありません。

調子が悪いとき、ヒットが出ないとき、そして膝が痛いときもあります。心の中に、弱い自分が現れるときもあります。

そんなとき、僕のプレーを励みにしてくれる人を思い出すことで、もうひと踏ん張りできます。僕はファンの方々から大きな力を頂いています。

『老人と海』の老人は、ディマジオから力をもらいました。でも、ディマジオも、こういう人の存在から力をもらっていたのではないでしょうか。伝説の大選手の心情を勝手に想像するのは僭越《せんえつ》ですが、自分の経験から考えると、僕はそのように思うのです。

僕はこれからも、膝の痛みと闘いながら選手生活を送っていくことになるでしょう。よくなっていくと信じていますが、思うように動かない日も出てくると思います。それでも全力でプレーする姿勢だけは決して失わずに精進していくつもりです。そんな僕の姿を見て「松井だって頑張っている」と思ってくれる方がいれば、うれしく思います。そういう人の存在が、また僕の力になってくれるのです。

悔しさをエネルギーに変える

何度も怪我をしたことで、チーム内における自分の役割にも変化が生じました。

２００９年のシーズンが始まる前、あらためてチーム内における自分の役割を考えました。役割というよりも、自分がチームのために何ができるのかを冷静に振り返ってみました。

僕はレギュラーを約束されるような立場ではなくなりました。もちろん、どんな選手でもキャンプのときから競争に入るわけですが、僕は首脳陣から非常に厳しい見方をされることを覚悟していました。

そのため、自分の本来の姿、真骨頂は何だろうと、あらためて考えざるを得なかったのです。

第一に勝負強さだと思いました。ここぞという場面でチームに得点をもたらす。チームが苦しい時に打つ。

もうひとつが長打力です。

この二点については可能性を持っていると思いましたし、チームの中でもそうした部分を出していきたいと思いました。

このシーズンでは、膝の状態が厳しく、開幕直後から守備につけないことは分かっていました。走塁もままなりません。そうした状況の中で、いかにチームに貢献していくかとなれば、バッティングしかありません。しかも、いかに重要な場面で得点をたたき出すか、というのが僕のテーマになりました。

もちろん、膝を痛めていない状況であっても、同じことを考えます。チームの勝利に貢献するためにプレーするのですから、どの選手も得点をあげようと考えながら臨んでいます。ただ、怪我をしたことによって、僕にはその点がクローズアップされたといっていいでしょう。首脳陣も僕を起用するときは、打点を期待していることが伝わってくるし、自分自身も以前より強く意識するようになりました。

逆の言い方をした方が分かりやすいかもしれません。勝負強さを発揮できなければ、首脳陣が僕を起用する可能性は低くなると予想できました。僕が置かれたのは、そういう立場だったと思います。

それは、僕にとって初めての経験でした。高校からプロ入りしたときも、巨人からヤンキースへ移籍したときも、レギュラーが確定していたわけではありません。でも、この場合は「松井はどのぐらいやるだろうか」という期待の目で見られていたわけですから、全然違います。

'08、'09年の場合は、正反対に近かったと言っていいかもしれません。いわば「松井はもうダメなんじゃないか」という疑いの目で見られていたと思います。同じように「チーム内の競争」といっても、置かれた立場はかなり違っていました。

そう感じたときの感情はうまく言葉にできません。不安とも違う、焦りとも違います。ただ、確かなのは、過去の自分にはなかった感情が出ていました。決して心穏やかではない感情でした。

そういう自分の感情に接したとき、僕は「これを力に変えない手はない」と思いました。人間は悔しさとか、何とかしたいという気持ちが、大きなエネルギーになると思います。エネルギーに変えて、この状況を打破してやろうと思いました。

'09年は、142試合に出場して456打数125安打。打率2割7分4厘。28本塁打。90打点。

決して大満足という数字ではありません。しかし、自分なりにチームに貢献できたという自負はありますし、チーム内での存在感は出せたと思います。何よりチームがワールドチャンピオンになれたわけですから、野球人生の中でも、いい年だったと言えます。将来振り返っても、きっとそう思える1年だったと思います。

ただ、'09年は'09年です。今後は、再び以前のような立場に戻りたいと思っています。毎日試合に出て、守りにも就いて、塁に出たら全力疾走でひとつでも先の塁を狙う。そういうプレーをすべく挑戦していきたいと決意しています。

第4章　信じることをやめない

悪夢の左膝痛再発

それは、突然やってきました。

前章でも触れましたが、日本でプレーしていたころから悩まされていた左膝の痛み。医師から「棚障害」とか「軟骨破損」と診断された僕の古傷です。痛みが生じたのは2008年6月でした。

前年に手術した右膝を無意識にかばっているうちに、左膝に負担がかかったのでしょうか。あるいは右膝とはまったく関係なしに、左膝が悲鳴を上げたのかもしれません。

もともと手術による根本的な治療をしたわけではなく、周囲の筋肉を鍛えることによって、いわば騙《だま》し騙しプレーしていたわけです。因果関係ははっきりしませんが、ただひとつ言えるのは、このときの痛みが過去のものとは比較にならないくらい激しかったということです。

18日のパドレス戦を欠場。チームドクターから膝に溜まった水を抜いてもらいました。それ以来、集合時間の1時間前に球場入りし、トレーナー室でアイシング、電気治療、マッサージなどを受けてから練習に参加していました。

グラウンド外では左膝をギプスで固定、できるだけ膝に負担がかからないようにしました。アイシング機器を自宅に持ち帰って治療しましたが、それでも、症状はいっこうに改善されません。

スパイクの紐《ひも》を結ぶのも辛かったし、手すりを使わなければ階段の上り下りにも苦労するほどでした。

6月下旬、僕は故障者リストに入りました。球場入りして膝を治療。ロッカールーム奥のカフェテリアで試合を観戦、終了直後に球場を後にする日々がしばらく続きました。

キャプテンのジーター選手に「ヘイ、マツ（松井）、バケーションはどうだ？」と冷やかされたのもこのころです。

いつもなら逆にやり込めるところですが、返す言葉もなかったのを覚えています。患部を根本的に治療するには、いずれ手術が必要であると、このときすでに覚悟していました。

そして7月初旬のある日、キャッシュマンGMから「オフに手術をするのではなく、いますぐにやって来年のキャンプに備えて欲しい」と言われたのです。

手術をするかどうかは、最終的には僕自身が決めることです。けれども、球団の意向は、半ば命令に近いものでした。

ヤンキースは僕に対して給料を払っています。それも安い金額ではありません。

この'08年は、４年契約の３年目でした。ヤンキースが僕に対して、膝の痛みが原因で最高のパフォーマンスが出せないのであれば、できるだけ早く手術して契約の残っている来季に備えて欲しい、万全の状態でプレーしてもらいたいと考えるのはある意味、当然だったのかもしれません。

早く手術をすれば、それだけ回復も早い。前年はオフに右膝を手術し、年明けのキャンプに間に合いませんでした。だから今年は少しでも早く手術を済ませ、いい状態で開幕を迎えてもらいたい、ということだったのでしょう。

しかし、しばらく治療に専念したことで、左膝の腫れと痛みはずいぶん、治まっていました。

すぐに手術をすれば、今シーズンにプレーできる可能性はゼロになります。まったく動けないならばあきらめもつきますが、そこまでひどくはありません。そういった状態でシーズンを半分以上残したまま戦列を離れるのは、本意ではありませんでした。

首脳陣、チームドクター、トレーナーと話し合った結果、僕はリハビリ施設の整ったキャンプ地のフロリダ州タンパで、膝の状態を確認しながら練習を再開することになりました。

前年オフに右膝を手術していただいたスコット・ロデオ医師に診察してもらったところ、練習再開にゴーサインが出たのです。後半戦用のバットも発注しました。

ところが、タンパで練習を再開して3日目。フリー打撃の直後、左膝に引っ掛かるような感覚を覚えたのです。これまでできなかった走り込みを始めようという矢先の出来事でした。

翌朝、腫れ上がった自分の左膝を見て、違和感は不安に変わりました。マイナー施設で治療している最中、本を読んだり、ヘッドホンステレオで音楽を聴いたりして気を紛らわそうとしました。けれども、気が付くとページがまったくめくれていなかったり、いつの間にか曲が変わっていたり……。

いまの自分にできるのは治療です。とにかく膝の腫れが引くのを待つしかありません。分かってはいるのですが、不安はなかなかぬぐえませんでした。

そして7月15日の夕方、ニューヨークへ戻るよう指示された瞬間、僕は「えっ！　ニューヨーク？」と言ったきり、後に言葉が続きませんでした。

腫れ上がった左膝を見たときから、ある程度の覚悟はしていました。できればいますぐ手術をして欲しいという球団の意向を知りながら、僕は復帰に賭けました。この判断に、医師や球団もゴーサインを出してくれました。ただ、再び膝が腫れたり、痛んだりすれば、そのときは球団の指示に従わなければならないだろうと思っていました。

ニューヨークへ戻ってこいということは、球団がこれ以上、タンパでリハビリをさせておいても無駄だと判断したからでしょう。ただ、正直なところ、もう少し様子を見たいとも思いました。膝が腫れてから、たった2日で戻ってこいと言われるとは、想像もしていなかったのです。

首脳陣の意に反しても

ニューヨークに戻ってから僕は、チームドクターやトレーナーを交え、キャッシュマンGMやジラルディ監督たちと、今後について話し合いました。

復帰に向け、タンパでチャレンジしてみたものの、結果は思わしくありませんでした。球団側が改めてすぐに手術するよう促したのは当然かもしれません。

そして7月21日の午前中、ロデオ医師の診断を仰ぎました。すぐに手術するよう勧められ、その場で同意書にサインし、手術は翌22日の午後に決定しました。

手術前の簡単な検査を済ませて病院を出て、広岡広報、ロヘリオ通訳とニューヨーク市内の日本食レストランへ昼食を取りに出掛けました。気心の知れた3人で食事をすると、多少、もやもやしたものがあっても、気が紛れます。

手術を翌日に控え、今晩は食事や飲み物に制限があるから食べたい物も食べられないとか、手術に備えてあれも用意しなければならないとか、早く寝なければいけないなど と、冗談を交えながらいつものように賑《にぎ》やかに食事をしたつもりでいました。

しかし、好物のうどんをすすりながら、このとき漠然と思ったのです。

自分は本当にやれる限りのことをやったのか、本当にやり残したことはないのか。

後で聞いたことですが、このとき僕は、いつもなら箸を伸ばすおかずのお皿にほとんど手を付けず、食事中、ときおりぼんやり考え込むようにしていたそうです。

それでも手術はもう決まったことなのだからと自分に言い聞かせ、レストランを後にしました。翌日に手術することを球団に報告するため、３人でヤンキースタジアムに向かったのです。

その車中でした。車が７番街の57丁目に差し掛かったころ、視界にふと、カーネギーホールが飛び込んできました。

僕が初めてヤンキースでプレーした２００３年のオフ、ベルリン・フィルハーモニーのコンサートを聴きに行った場所です。ニューヨーク・フィルハーモニックのかつての本拠地で、音響効果が優れていると定評のあるコンサートホールとして知られています。そこに足を運んだときのことを思い出したのです。

指揮者はベルリン・フィルの首席指揮者であるサイモン・ラトルでした。現代最高といわれる指揮者が、米国を代表するコンサートホールで、現代最高といわれるオーケストラを前にタクトを振る。

曲目はベートーベンの交響曲第6番「田園」でした。田園ののどかな風景を描いた曲ですが、このとき、オーケストラの奏でる音がこちら側にグングンと迫ってくるのが肉眼で見えるような気がしたのです。

実は、僕はクラシックが好きです。父の影響もあり、モーツァルトやチャイコフスキーはよく聴きます。クラシックのコンサートに何度も足を運んだことがあるわけではありませんが、楽器の醸《かも》し出す音色が動いて見えるような感覚に襲われたのは生まれて初めてでした。強い衝撃を受けたのを覚えています。

ベルリン・フィルハーモニーは1887年、ハンス・フォン・ビューローが初代常任指揮者に就任して以来、ニキシュ、フルトヴェングラー、チェリビダッケ、カラヤン、アバド、そしてラトルと指揮者が代わっています。オーケストラの演奏者も当然、入れ替わっています。

にもかかわらず、現在まで１００年以上、「オーケストラの頂点」に君臨し続けているのです。

ときの指揮者と演奏者は、あくまでも自分たちにでき得る限りで最高の演奏をしようと心がけてきたそうです。そうして、代々、一流の演奏家たちが一流の指揮者のタクトに応えてきた結果が「常にナンバーワン」だったのでしょう。

ヤンキースにもまた、「世界一」の歴史があります。

それまでワールドチャンピオンに輝くこと26回。僕の入団1年目の'03年を最後にワールドシリーズからは4年間、遠ざかっていましたが、その年は同地区のレイズに序盤から大きく水を開けられ、過去13年間続いていたプレーオフへの出場すら危ぶまれていました。

ヤンキースがプレーオフに出られないということを考えると、僕自身、なにか取り返しのつかない大きな失敗をしたような感覚に陥る気がしていました。

でも、一方で知人のスポーツ記者から聞いたこんな話も頭に浮かびました。若者の活字離れを憂える彼が、そういう話をしたところ、先輩にこう言われたそうです。

「会社を辞めたあとのことまで心配する必要はない。会社から給料をもらっている間のことだけを考えればいい。読者の興味を引くプランを考え、わかりやすい記事を書き、面白い紙面をつくることに全力を注げ」と。

つまり、まずは自分の身の丈にあったことを考えて実行すればよい、ということです。なるほどと思います。

ヤンキースのキャプテンを務めるジーター選手も、ベルリン・フィルのコンサートマスターも歴史ある組織に身を置いていますが、自分たちが歴史の集大成を表現しようとか、20年後、30年後のことまで考えてプレーしたり、演奏したりしているわけではないような気がします。

僕自身、そこまで大それた意識でプレーはしていません。とにかくいま、自分たちにできる最高のパフォーマンスを常に心掛ける。考えているのはそれだけです。

ときの選手や演奏者が最善を尽くした結果、最高のパフォーマンスが引き出される。そうして歴史はつくられました。

自分たちにできるのは、できる限りのプレーをし、次の世代にバトンタッチすることです。とにかく全力を出し切り、バトンを渡すことが僕らの使命だと思います。その結果、常勝球団の伝統が引き継がれてきたのです。

そんな勝つことが当たり前の組織の中で、プレーオフに出られないというのは、リレーでバトンを落としてしまうような失敗に思えました。

しかも、ヤンキースタジアムは、翌'09年から隣接する新球場に移転することが決まっていました。「ベーブ・ルースの庭」と呼ばれ、ルー・ゲーリッグ、ミッキー・マントル、ジョー・ディマジオら伝説の名選手が暴れ回った球場が、この年で幕を閉じます。そういう節目のシーズンだったからこそ、なおさら、最低でもプレーオフには出るんだという意識を強く持っていました。

この年の序盤、僕は打率で一時、リーグトップに立ちました。バッティングの調子自体は非常によいものだったのです。だから少しでも左膝の状態が上向き、試合で膝を痛める以前の打撃ができれば、チームの力になれると思いました。

仮に僕がリタイアせずに1本でもヒットを打てば、チームの勝利につながるかもしれない。しかし、僕がリタイアすれば、少なくとも今シーズンのチームにとってプラスになることはないのではないか。その点がひっかかりました。

曲げられなかった矜持

結果としてチームがプレーオフに出られなくても、自分ができる限りのことをやってダメならば仕方がありません。

もちろん、自分の力を出し切ったとしてもチームがプレーオフに出られる保証はありません。まずそれ以前に、試合に出られるかどうかも分からない。膝を痛めた自分を試合で使うか使わないかは、監督が決めることです。万全でないときに僕以外の選手が試合に出るのは仕方のないことです。実際にタクトを振るのはジラルディ監督ですから、起用法に関しては黙って従います。そのときは、あきらめもつきます。

しかし、自分から出ないと決める、すなわちチームを自ら離れてしまうことには、どうしても疑問が残りました。たとえ屈辱的な結果に終わったとしても、シーズン途中で「チームの一員」であることを放棄するのは、はたしてベストを尽くしたと言えるのか。チームが苦しいときだからこそ、なおさら最後までその場に居続けるべきではないのか。自問自答しているうちに、そう思えてきました。

自分がチームに貢献できる可能性が少しでもある以上は、それに向かって最善を尽くすべきだと思いました。プレーオフ進出の可能性がわずかでも残っている限り、リタイアすることは、自分の中では、タクトを無視してひとり楽屋に引っ込んでしまうことを意味します。

それまでの5年間、僕にはヤンキースの選手として、監督という指揮者のもと、自分でできるかぎりのプレー、オーケストラでいえば演奏を心掛けてきたという自負がありました。

そのすべてがチームのためになったかどうかは分かりませんが、少なくともヤンキースという超一流のオーケストラにおいて、指揮者のタクトにできる限り応えようと、懸命に演奏してきました。自分のバットというひとつの楽器の音色より、ヤンキースというオーケストラ全体が奏でるハーモニーを最優先してプレーしてきたつもりです。

結果として球団の方針にそむくことになるかもしれませんが、いま、ひとりで楽屋に引っ込んでしまうことは、それまでの僕自身の生き方や考え方をすべて否定することになるような気がしました。「ヤンキースの一員」として可能性がゼロになるまでは最善を尽くそう、そう思ったのです。

左膝はこのとき、小康状態でした。激しいトレーニングを避けていたこともあって、状態は一時期ほどひどくありませんでした。

もう一度、チャレンジしてみよう。

車中から赤いレンガ造りの荘厳《そうごん》な建物を見て改めて考えた結果、僕の心は吹っ切れました。

「いまからでも間に合うかな。実はもう一度、チャレンジしてみたいんだけど」

広岡広報にこう切り出したのは、ヤンキースタジアムのロッカールームに着いてからでした。僕が自分の意思を伝えてから数時間後、キャッシュマンGMは報道陣に対して、

「松井が病院から球場に来る間に翻意したことが驚きだ」と言ったそうです。

開幕前に結婚したことで、報道陣の方から、「今年は結婚して1年目。結婚したから成績が下がったと言われたくはないでしょう。だから手術もしなかったのですか？」と聞かれました。

そういう気持ちがまったくなかったといったらうそになりますが、だから手術を拒否したわけではありません。シーズン中の手術を避けたのは、自分のこれまでの生き方や考え方に反することはしたくないと思ったからです。少しかっこつけた言い方を許していただければ、僕の矜持《きょうじ》の問題でした。

腫れを隠してでも

戦列復帰を目指すといったものの、左膝の状態は一進一退でした。2週間ぶりの打撃練習を始めた翌日にドクターストップがかかるなど、リハビリは思うように進みませんでした。

後半戦へ向けて巻き返しを期すヤンキースは、マリナーズを解雇されたセクソン一塁手を補強。7月31日のトレード期限直前にはパイレーツとの交換トレードで、ネイディ外野手を獲得しました。

ヤンキースの勝利に向けた執念や危機管理には凄まじいものがあります。実際にプレーしている選手のひとりとして、それは嫌というほど感じました。

僕が戦力になるかどうか分からない上に、首位のレイズは依然として好調です。チームの弱点を補強し、巻き返しに目の色を変えるのは当然かもしれません。

ネイディ選手はそれまで僕が守っていた左翼のポジションに入り、28日には移籍後初の本塁打を打ちました。

左膝が回復したとしても、僕が再び左翼のポジションに入れる保証はありません。ネイディ選手の方が戦力になると判断されれば、僕は控えに回ることになります。

当然、日米どちらのメディアからも、セクソン選手やネイディ選手が入ってきて活躍することに焦りはないかと聞かれました。しかし、そうした焦りは感じませんでした。

このときも、自分にコントロールできることと、できないことを考えてみました。答えは明白でした。目の前のリハビリに全力を尽くすことはできます。でも、チームの補強の問題は、僕がコントロールできることではありません。

そうであれば、自分にコントロールできること、リハビリに全力を尽くすことだけを考えたほうがよいでしょう。

どんな状況であっても、決して自分のスタンスは崩さない。自分の中の思考の軸がぶれてしまうと、収拾がつかなくなってしまいます。

ロデオ医師からすぐ手術を受けた方がよいと言われたように、左膝の状態は手術をしない限り、劇的に回復することはありません。それでも、いまは手術を受けないと決めた以上、僕にできることは左膝を治療し、少しでも自分のパフォーマンスを発揮できる状態にもっていき、一日も早くグラウンドに戻ることです。

練習は禁止されていても、頭の中で考えたイメージを、膝に負担のかからない範囲で実践することはできます。自宅にバットを持ち帰り、全力ではありませんが、実際に素振りをすることによって感触を確かめたりもしました。

膝の状態をよくしてグラウンドに戻るだけでは仕方がありません。自分のパフォーマンスが発揮できなければ意味がない。そのためには体だけではなく、技術も伴っている必要があります。

好調だった打撃を維持するのではなく、よりよいものにするため、頭の中でイメージトレーニングを繰り返し、素振りで実践していました。

キャッシュマンGMには「今度、膝が腫れたら、そのときは手術だ」とクギを刺されていました。

僕自身、報道陣の方には「無理なときは無理だと言って、そのときは手術の可能性も出てくるでしょう」と話しましたが、胸の内では、手術を回避してもう一度、チャレンジすると決めていたのです。

本当にどうにもならない状態であれば仕方ありませんが、そうでない限り、あきらめるわけにはいかない。少しくらい左膝が腫れても、そのときは腫れを隠してでもグラウンドに戻る覚悟でいました。

イメージトレーニングの効果

8月5日、フロリダ州タンパで練習を開始しました。リハビリのためにこのヤンキースのキャンプ地を訪れたのは、この年、3回目のことです。

左膝を「ブレス」と呼ばれる強力なギプスで固定したままの練習再開でした。

それまで練習ができなかった間、僕は自分の打撃を少しでもよいものにするため、イメージトレーニングを続けていました。思うように体を動かせないのであれば、できるのは頭の中でどうやったら自分の打撃が向上するのか考えることです。

練習再開にゴーサインが出て、タンパに向かう機中も約3時間、膝を伸ばしたまま力を入れたり、曲げて力を入れたりして過ごしました。とにかく少しでも早く、頭の中で考えていたことをグラウンドで実践してみたいという気持ちでいっぱいでした。

実際にグラウンドでそれまで考えていたことを試してみると、自分で想像していた以上によい打撃ができました。打撃に関する自分の新しい試みは間違っていなかったと思うと、なんだか嬉しい気もしてきます。

「バッティングがいいんだよね」

ある日の練習を終えたときのことです。思わず僕は、側《そば》にいたロへリオ通訳に向かって、こう言ったといいます。

自分ではあまり意識していないことなのですが、僕は打撃の状態に関して、「調子は悪くない」という言い方が多いそうです。そんな僕が自分から打撃がいいと言ったのだから、状態はよほどよいのだとロへリオ通訳は思ったそうです。

ロへリオ通訳にこう言った日の夜、何人かの知人と中華料理を食べにいったときのことです。僕は膝を痛めてから口にしていなかったアルコールを無性に飲みたくなりました。そのお店にお酒は置いていなかったので、知人が持っていた赤ワインを持ち込んで、少しだけ口にしました。

実戦復帰に向け、練習は徐々にステップアップしていきます。フリー打撃をやって問題がなければ、スパイクを履いてのベースランニング。「ブレス」をしたまま打ったり、走ったりすることに最初は違和感も覚えましたが、頑強なギプスにも慣れ、やがて体の一部であるかのような感覚になっていきました。

この頃、ヤンキースは東地区首位のレイズから8ゲームほど離れた3位。僕がメジャーに上がるためには、僕が離脱した後に獲得したネイディ外野手、セクソン一塁手をはじめ、デイモン外野手、生え抜きのガードナー外野手らとの競争になります。ガードナー外野手はチームナンバーワンの俊足で、守備もよい選手です。

チーム状態は、依然としてよくはありませんでしたが、彼らは実戦で結果を出していました。復帰が一筋縄でいかないことは、僕自身、よく分かっていたつもりです。

だからといって、気持ちが滅入ったり、リズムがおかしくなったりすることはありません。自分にできるのは、とにかくリハビリを続け、再び戦列に戻れるよう努力することだけです。

そして8月14日、ルーキー級、タンパ1Aの選手として、ガルフコースト・リーグの試合（対ブレーブス傘下）に出場したのです。

最後まであきらめない

マイナー戦に出場しては、トレーナーに状態をチェックしてもらう確認作業を繰り返し、メジャー復帰は8月19日、トロントで行われるブルージェイズ戦に決定しました。

トロントはその5年前、僕がメジャーデビューした場所です。ブルージェイズの本拠地であるロジャース・センターは、2003年3月31日、大リーグを代表するロイ・ハラデイ投手から初打席初安打初打点を記録した思い出深い球場でもあります。

思い出の場所、球場で行われた試合に「7番DH」で出場。安打は出なかったけれども、スイング自体、悪くはありませんでしたし、目が慣れれば対応できるという手応えも得ました。

復帰した時点で、首位レイズとは10ゲーム差。左膝の手術を回避した時点でのゲーム差は4・5でしたから、当時よりも状況は悪化していました。

しかし、プレーオフ進出の可能性が消えたわけではありません。まだ30試合以上残っています。追い上げは可能ですし、首位も狙えると本気で考えていました。

戦列を離れている間はレイズの尻尾が遠ざかっていくのを、ただ見ているだけでした。

けれども、いまは違います。チームの勝利に貢献できる一方で、敗戦もまた、背負うことになるわけです。逆転の可能性がわずかでもある限り、手術をせずに復帰を目指した意味はあったと思いました。

10ゲーム差を引っくり返すのは、確かに容易ではありません。残り試合とゲーム差だけを考えたら、可能性はかなり低いといえるでしょう。でも、できるのは目の前の1試合、1試合に最善を尽くすことです。先を考えることではありません。とにかく、チームも僕もやれることをやるしかないのです。

「1試合みて、ヒデキはなにも問題がなかった。健康で戻ってきてくれたのはハッピーだ。今後も継続して起用していくと思う」

ジラルディ監督にはこう言われました。

巻き返しへ向け、ジラルディ監督は攻撃的な布陣を敷きました。僕がDHに入り、これまでDHだったデイモン外野手が左翼へ。守備のよいガードナー外野手がスタメンから外れたのです。多少の失点は覚悟しても、その分、得点を重ねようという戦略なのは明らかです。自分は打線の起爆剤として期待されていると感じ、身が引き締まる思いでした。

しかし、8月下旬になっても、チーム状態はなかなか上向きません。僕自身、実戦になれば一塁へ全力疾走しますし、二塁走者として安打で生還することもありました。当然、左膝にはこれまで以上に負荷が掛かり、具合も芳《かんば》しくありませんでした。

ヤンキースタジアムで試合があるときは、集合時間の1時間以上前に球場入り。トレーナーの方から連日、アイシング治療、電気治療、温熱治療を受けました。

それでも劇的によくなるはずはありません。正直に言えば、その場その場で痛みを抑える治療をし、だましだましプレーしているのが現状でした。

薬はできれば服用したくなかったのですが、そうも言っていられなくなりました。鎮痛剤を手放せませんでした。

「痛い」と報告すれば、その時点で僕のシーズンは終わってしまいます。ごくわずかではあっても、プレーオフ進出の可能性を残しているチームを離れ、手術を受けなくてはならなかったでしょう。そうしたら、医師やＧＭの手術勧告を拒否してまで復帰にかけた意味がなくなってしまいます。

とにかく痛みを最小限にとどめ、これ以上、悪化しないように最善を尽くすしかありません。僕にできるのはそれだけでした。

トレーナーと相談し、左膝をかばうことによって痛める可能性のある腰や股関節を重点的に鍛えたのも、この頃でした。

予防目的のトレーニングに力を入れる一方で、左膝に負担がかからないよう、体重もコントロールしました。

左膝が万全でなかったがゆえに、走り込みを含めて下半身を強化するトレーニングが全体的に不足していました。

好きな物を、食べたいだけ食べていれば、どうしても体重が増えてしまう。そうなれば自然と膝に負担がかかってしまいます。それを避けるために、とにかく食事は腹八分目を心掛けました。

ニューヨークで試合があるときは、妻が体調を考えて食べ物に工夫を凝らしてくれますが、遠征先では基本的に自己管理です。

ナイター終了後は、どうしてもお腹がすきます。試合が終わって気心の知れた周囲の人たちと食事をするのは、楽しみでもあります。遠征先にも、行きつけのお店がありますから。

けれども、深夜、外食に出掛け、カロリーの高い食事を際限なく取っていれば、胃腸に負担がかかりますし、体重も増えてしまいます。そこで利用したのが球場のロッカールームでの食事でした。

大リーグではどの球場でも、選手の空腹を満たすため、ロッカールームに軽食が用意されています。サンドイッチ、サラダ、チキン、デザート……球場によっては鮨が置いてあるところもあります。

どちらかといえば食いしん坊の僕にとって、ロッカールームでの食事は必ずしも満足するものばかりではありませんが、試合が終わったら食事はできるだけロッカールームで済ませてしまいます。

それからチーム宿舎に戻り、体のケアや、やるべきトレーニングをやって、翌日の朝まで食べ物をとらないようにしました。こうすることで試合後の時間を、より有効に使えるようにもなりました。

この年はシーズン当初から、ナイター終了後の食事はロッカールームで取るように心掛けていましたが、膝痛が再発して以降は、さらに徹底しました。そして、好物のデザートやケーキも、できるだけ口にしないようにしたのです。

疲労と痛みと絶望の淵で

それが厳しい数字だということは分かっていました。9月2日の時点で、25試合を残して首位のレイズとは12ゲーム差。ワイルドカード（プレーオフに出られる、各地区の2位のうち最高勝率のチーム）争いではレッドソックスと7ゲーム差です。常識で考えれば、プレーオフ進出は絶望的かもしれません。けれども、可能性がゼロになるまではグラウンドに出る。とにかく、僕は目の前の試合に全力投球しました。

8月19日に復帰して以来、14試合連続スタメン出場。その間の成績は52打数11安打5四球でした。

デトロイトからセントピーターズバーグ、シアトル、そしてアナハイムと、東から西へと北米大陸を横断するビジターでの10連戦が始まったばかり、9月2日はレイズとの直接対決3連戦の初戦でした。

復帰後、ほとんど無休で試合に出続けていた僕の疲労は、ピークに達していました。宿舎のあるタンパから、レイズの本拠地のセントピーターズバーグまで、チームバスで30分足らずですが、移動のバスの中でも熟睡してしまうほどでした。

左膝の痛みも激しく、消炎剤と鎮痛剤の量は増加しました。胃は荒れ、吹き出物もできました。

コーチ陣は僕の体調を気遣い、そろそろ休養を与えようと相談していたようですが、ジラルディ監督の考え方は違いました。プレーオフ進出のためには、とにかく勝ち続けるしかない。この10連戦を「今年最も大切な遠征」と位置付け、可能性がなくなるまでは全試合ベストオーダーで臨むつもりでいました。

そして2日の試合前、監督は僕に直接、「きょうも大丈夫か？」と確認を取りにきたのです。僕は二つ返事で「もちろん！」と答えました。

「クライマーズ・ハイ」という言葉があります。僕が好きな横山秀夫さんの小説の題名にもなっています。山を登っているうちに興奮状態が極限に達して、恐怖感なども麻痺してしまい、脇目もふらずに登っていくことが登山者にはあるそうです。

野球選手として、似たような感覚を抱くことがあります。疲れがピークに達し、膝の痛みがひどくても、土壇場というか緊迫した場面になると、神経が高ぶり、気持ちも極限に達して踏ん張ってしまうとでもいったらよいのでしょうか。

負けが許されないという緊迫した状況の中で、一時的ではありますが、テンションが上がって頑張れることがあります。

ジラルディ監督に「いけるか？」といわれ、選手として意気に感じないはずはありません。心身ともに疲労困憊《こんぱい》だったこの時期、後から考えると自分でも信じられないような走塁ができたなど、「クライマーズ・ハイ」に似た状況があったのは事実です。

けれども、それは、いつまでも続くことではありません。本塁にスライディングしてベンチに帰ってきたときに左膝に痛みを感じたり、ヤンキースが守備のとき、ベンチの中で突如、疲労が襲ってきたりすることもありました。

それでも自分にできる限りのプレーを続けられた。最後まで気持ちが切れなかったのは、手術を回避してプレーすると決めた意地もあったのかもしれませんが、やはり最終的には、野球が好きだからなのだと思います。

他のことならともかく、好きな野球は自分で納得するまでやりたい。やれることをやるという思考の軸がブレないのも、野球が心から好きだからです。そして、負けたくないという気持ちも、野球が本当に好きだから湧いてくるのだと思います。

最終戦出場を直訴

9月に入って、ヤンキースは一時的に盛り返し、ムードもよくなりかけましたが、波に乗れませんでした。レイズとレッドソックスの背中は、ますます遠のいていきました。そして13日のレイズ戦、ダブルヘッダーの2試合めから、僕はスタメンを外れました。その年限りで幕を閉じるヤンキースタジアム最後の10連戦の最中でした。

走り込みができなかったせいもあって、思うような打撃ができなくなっていたのは間違いありません。膝の状態も良くはなかったけれど、試合に出られないほどではありませんでした。

　ジラルディ監督から起用法に関する説明を受けたのは、15日の試合前のことです。監督からは打撃の状態が芳しくないこと、ケガをしたアレックス・ロドリゲス選手が万全の状態になるまで彼をDHで起用したいこと、来季に向けて若手を起用したいことを理由に、しばらく出番はないと言われました。

　僕にできるのは試合でベストのパフォーマンスを発揮する準備をすることまでで、実際に試合に使うか、使わないかは監督の判断です。それは手術を回避して、復帰を目指そうと決めたときから考えていたことでした。

　ジラルディ監督の勝負に徹する姿勢はプロフェッショナルです。勝つためには何をすべきか、何が必要かを冷静に考え、勝つということに関して情は持ち込みません。そのスタンスは徹底していました。

　ですから怪我をした箇所の状態に関しては、トーリ監督よりもジラルディ監督と話す機会のほうが多かったです。ジラルディ監督はおそらく、僕の膝の状態を細かく、正確に把握したかったのだと思います。トレーナーやコーチの意見も踏まえ、万全でないのなら、先のことも考えて無理はさせずに他の選手を起用した方がよい、それが僕個人、そしてチームのためになると判断されたのでしょう。

トーリ監督ももちろん、勝つために采配をふるうのですが、チームを勝利に導く手法、過程は、両者は大きく異なるように思います。

ときには情を交えながら心地よくプレーさせて選手の力を最大限に引き出そうとするのがトーリ監督なら、ジラルディ監督は、情を排してデータをもとに客観的な判断を下そうとする指揮官ではないでしょうか。そして二人とも、それぞれの手法でチームを世界一に導いています。

その日、ジラルディ監督の決定を受け入れる一方で、僕は2つの希望を伝えました。ひとつはプレーオフ進出の可能性がゼロになるまでプレーしたいということ、もうひとつは、ヤンキースタジアム最後の試合には出場させて欲しいということです。

シーズン中の手術を回避して復帰に賭けましたが、結局、僕がプレーオフ出場の起爆剤になることはできませんでした。

けれども、可能性が完全に消えるまでプレーするのが希望でしたし、節目のシーズンに先輩たちがつないできたバトンを落としてしまった現実を、ヤンキースの一員として最後に受け入れる義務があると感じたのです。

ジラルディ監督は「ヒデキの希望はかなえる。21日のヤンキースタジアム最終戦はどんな形であれ試合に出場させる」と約束してくれました。

そして監督は、21日の最終戦、約束通りスタメンで起用してくれました。この試合で僕は逆転の口火を切る右前打を放ち、ヤンキースタジアムとともに２００８年のシーズンに終止符を打つことになったのです。

試合後、キャプテンのジーター選手が、ファンにあいさつしました。その中で「スタジアムはなくなるけれど、ヤンキースの伝統は決してなくならない。僕たちから次の世代へと受け継がれていく」というセリフがとても印象的でした。

ジーター選手の言う「ヤンキースの伝統」は、決して一夜にして作り上げられたわけではありません。ピンストライプのユニホームを着た選手は、常に勝つために最善を尽くして、結果を出してきた。そうやってバトンをつないで、伝統は作られました。

僕はそんなヤンキースの伝統の傍観者ではありません。当事者のひとりとして、常に全力は出してきました。最高の結果を出してきたとは言えませんし、この年はバトンを落とすようなことになってしまいましたが、それを拾い上げ、ゴールまで走り続けることはできたと思っています。

諸先輩方からみたら不甲斐なく感じるでしょうし、後輩になるだろう選手には頼りなく映るかも知れませんが、ヤンキースの一員として、自分にできる限りのプレーはしてきたという自負はあります。カーネギーホールを見て、復帰することにかけた自分の選択に悔いはないと、ジーター選手のスピーチを聞いて改めて思いました。

選手全員でグラウンド内を一周し、ファンの歓声に応えます。ファンの一人ひとりが、ヤンキースタジアムにたくさんの思い出を持っています。初めてヤンキースタジアムを訪れたときの感動、初めての試合で満塁本塁打を打ったときのこと……僕の脳裏にも、様々な思い出が駆け巡りました。

何もできなかった経験

ヤンキースタジアムの最終戦から一夜明けた9月22日。僕はニューヨーク市内の病院で左膝の手術を受けました。

手術は1時間半で終わり、開始から4時間後には自宅に戻りました。

ヤンキースのシーズンはまだ終わってはいませんでしたが、プレーオフ進出の可能性がゼロになるまでプレーすることができたし、ヤンキースタジアム最終戦に出場することもできました。

悔いはなかったので、あとは一日も早く手術を受け、来季に備えるのが自分にできることでした。

手術を終え、自宅で療養しているときに、ふと、思いました。

今年は結果として、何もできなかったなぁと。

左膝の怪我で何もできなかった。しかし、そういう絶望的な状況の中でなんとか最後までプレーした経験が、後々、プラスになるのでしょうか。それは、今後の自分次第なのだと思います。

知り合いの新聞記者に大腸の弱い方がいます。もともとお腹を下しやすい上、年に一度は内視鏡検査を受けてポリープを切除していたそうです。

その記者があるとき、大腸の病気で手術を余儀なくされ、腸を70㎝切除して、会社を1年ほど休んだそうです。リハビリ中には、気持ちが折れそうになったこともあると聞きました。

それからしばらくして術後の検査も兼ね、ポリープがあれば切除しておこうと、内視鏡検査を受けたとき、担当医から笑いながら言われたそうです。「縫合した場所はもう問題ありません。それにポリープができやすかった部分は、ほとんど手術によって切り取ってしまったのでありませんよ」と。

医師の方は冗談半分だったのかもしれません。でもなるほど、ポリープができやすかった大腸の大半は手術で切除してしまったわけです。大腸自体が短くなっているのですから、ポリープのできる確率は以前と比べてはるかに低くなったのは間違いありません。

今後、癌に発展する可能性のあるポリープに悩まされるリスクが減るのであれば、その記者にとって、結果として大腸の病気はプラスだったといえるかもしれません。再び病気にならないよう節制し、ポリープができにくい食生活を送るかどうかは、本人の心掛け次第ですが。

僕が「何もできなかった」と思った１年を、結果としてプラスにできるかどうか。それもまた、僕自身の心掛け次第です。

どんな状況でも自分を信じ、自分が納得するまで最善を尽くした経験を後々、必ずプラスにしたいと考えています。

第5章　世界一のファン、そして世界一の球場

優勝パレードの車上から見た景色

見慣れたはずのマンハッタン、ブロードウェーなのに、その日は一層輝いて見えました。悲願のワールドチャンピオンを勝ち取った2日後の２００９年11月6日、ヤンキースは優勝パレードを行いました。

常勝球団のヤンキースにとっても9年ぶりのチャンピオンです。ニューヨークのファンも、待ちくたびれていたことでしょう。大歓声の中、摩天楼にたくさんの紙吹雪が舞っていました。あとで聞いたところでは、紙吹雪は何と50トンもあったそうです。

アメリカに来て以降、僕にとっては初めての経験でした。巨人時代に体験した銀座のパレードも素晴らしかったですが、待ち焦がれていたぶん、今回は感激もひとしおでし

た。長いシーズンを勝ち抜き、チームメイトやファンと喜びを分かち合う時というのは、何ものにもかえられません。

マンハッタン南部のバッテリーパークを出発し、ブロードウェーを北上してシティーホールまで、ほんの約1・3キロの道のりです。しかし、このパレードに至るまでは、本当に長い道のりでした。

特別仕様車の上で手を振りながら、僕も様々なことを思い出しました。

'02年、巨人の一員として日本一を勝ち取りました。日本シリーズが終わった翌日、悩みに悩んで大リーグ挑戦という決断を下しました。すぐに都内のホテルで、その前年に退任した長嶋茂雄監督（監督を辞められてからも、僕は「監督」と呼んでいます）に決意を打ち明けました。

ヤンキース入りを決め、ニューヨークのホテルで入団会見をしたことも思い出されます。ジョー・トーリ監督、エースのロジャー・クレメンス投手も同席してくれました。ブルームバーグ市長も駆けつけて下さり、日本語で「イラッシャイマセ」と語りかけてくれました。

その豪華さに期待の大きさを感じ、また、ニューヨークという街でヤンキースがどれほど大きな存在であるかを感じ取りました。その思いは、ニューヨークに住んで、ヤンキースでプレーすると、いっそう強くなりました。

地元メディアには厳しい評価を受けましたし、ブーイングを浴びた経験もあります。ヤンキースのファンは、とても厳しい一面を持っています。

そのかわり、結果を出したときには、ひときわ大きな声援と拍手を送ってくれます。ヤンキースタジアムでの初試合で満塁ホームランを打ったとき、ベンチに戻った後も声援が鳴りやまず、もう一度出ていってヘルメットを振りました。いわゆる「カーテンコール」と呼ばれる、うれしい儀式でした。

ニューヨークという街は、そしてヤンキースのファンは、とても温かい目で僕ら選手を見守ってくれています。

この街に住み、ヤンキースに所属して7年間。この街、このチームから様々なことを学びました。ワールドシリーズ後の記者会見でも言いましたが、僕はニューヨークという街、ヤンキースというチーム、そして、ヤンキースファンが大好きです。

車上からマンハッタンの風景を見渡しながら、あらためてそう思いました。

あこがれのニューヨーク

アメリカの風景をひとつ思い浮かべるとしたら、皆さんはどんな景色をイメージするでしょうか？

カリフォルニアの広大な土地でしょうか。西部劇に出てくるようなアリゾナのサボテンでしょうか。強い風が吹くシカゴかもしれません。人それぞれに、「ジ（これぞ）・アメリカ」という風景があるのではないでしょうか。

僕にとってそれは摩天楼の街、ニューヨークです。巨大なビル群、デリで買ったサンドイッチやコーヒーを手に足早に歩くスーツ姿のビジネスマン。アスファルトから立ち上る湯気。キングコングが上ったエンパイヤステイトビル。自由の女神。

それが、僕が子供の頃から「アメリカ」と言われて思い浮かぶ風景でした。アメリカへ行った経験などなかったわけですから、映画か何かで見たのでしょう。自分の部屋にマンハッタンの風景写真のポスターを貼っていたこともありました。将来そこに住むことになるなんて考えてもいない頃の話です。

巨人時代には何度か大リーグ観戦でアメリカを訪れました。ニューヨークへも足を踏み入れました。実際のニューヨークは写真や映画で見た通りで、僕の好きな風景として、さらに印象深く残りました。

その時にヤンキースタジアムも訪れ、ボストン・レッドソックス戦を観戦しました。因縁のライバルといえる両チームは、選手も観客も非常に高いテンションで戦っています。相手選手へのブーイングも当たり前です。

つまらないミスなど許されないという強い緊張感が漂う中での戦い。僕は、この雰囲気がすっかり気に入りました。大リーグというと、個人対個人が力と力で勝負するというイメージを持っている方が多いようです。もちろん、そうした側面もあり、大リーグを支える魅力のひとつと言っていいでしょう。

ただ、僕は野球というのは、どこまでいってもチーム同士の戦いだと思っています。個々の勝負ではなく、チーム同士の熱い戦いに強い魅力を感じます。だから、ヤンキースで勝利に徹する野球をしてみたいという希望は、かねてから持っていました。

実際に大リーグ移籍を決めた際も、ヤンキースで、という思いは少なからずありました。もちろんプロ選手としての契約ですから、好き嫌いだけでは決められません。代理人が色々なチームと交渉をしてくれて、一時は同じニューヨークにあるメッツの可能性が強まったこともありましたが、結果的にはヤンキースに入団することになりました。それは、今考えても僕にとって、非常に幸せな結果でした。

マンハッタンのマンションを借り、部屋でリラックスしているときなどに、ふと夜景が目に入ったりすると、何だか夢のような幸せな気分になります。それは何年住んでも変わることはありません。

地下鉄にも乗りました。それも、メジャーに移籍した年のリーグチャンピオンシップ第7戦の日のことです。レッドソックスとの決戦は3勝3敗で最終戦を迎えました。リーグチャンピオンを決めようと意気込んで球場入りの準備をしていたとき、広岡広報からの電話が鳴りました。

マンハッタンで水道管破裂の事故があって道路が大渋滞しているというのです。大事な試合前に渋滞にはまってイライラしても仕方がありません。そう判断して地下鉄に乗り込みました。

ヤンキースタジアムの駅に到着する直前、地下鉄が地上に上がっていきます。薄暗い車内がスーッと明るくなり、その途端にヤンキースタジアムが見えてきます。この風景も忘れられません。

食べ物にも困ることはありません。僕はステーキも好きですし、タイ料理やベトナム料理、中華料理など何でも好んで食べていますが、やはり一番落ち着くのは和食です。

結婚してからは自宅で妻の手料理を食べていますが、独身時代はマンションの近くに数多くある和食店でおいしい食事を食べて英気を養っていました。一人暮らしでも困ることはまったくありませんでした。

ニューヨークは僕にとって暮らしやすい都市でした。子供の頃からあこがれていた街は、期待以上だったと言っていいと思います。

地元メディアの洗礼

ニューヨークの地元メディアは、とても主張がはっきりしているという印象があります。日米の文化の違いもあるのでしょうが、明確に「いい」「悪い」と選手や監督を評価することが多いようです。

僕も色々と書かれてきました。

初の〝洗礼〟を浴びたのは、初年度の開幕から約2カ月と早い時期でした。大リーグ投手が得意とするシュート回転して沈んでいくツーシームに戸惑い、ゴロを打ってしまう打席が多くありました。5月22日付けのニューヨークタイムズ紙では「Ground Ball King（ゴロキング）」と書かれてしまいました。

この記事は日本でも報道され話題になったようなので、覚えている方も多いと思います。でも、僕は当時、日本メディアの方から伝え聞いただけで、実際に記事を読んではいませんでした。知人が「記念に」と思ったらしく、記事を保存しておいてくれました。僕もいま初めて読みます。日本の皆さんも原文を読まれる機会はなかったと思いますので、ここで冒頭だけでも見てみましょう。

Ground Ball King
An unusual thing has happened to the Yankees' Hideki Matsui, the three-time Japanese home run king. He has become a prolific ground ball hitter.
According to Stats Inc., Matsui had hit 97 ground balls through Tuesday, the most in the majors this season. The two hitters directly below him among the American League leaders are speedsters: Toronto's Shannon Stewart (86) and Seattle's Ichiro Suzuki (84).

アメリカ在住歴7年の松井秀喜が翻訳しますと、こんな内容でしょうか。

日本で3回のホームランキングを獲得しているヤンキース松井秀喜に異常事態が起きている。彼はゴロ専門の打者になった。スタッツ社の統計によると、松井は火曜日までに、今季のメジャーで最も多い97本の内野ゴロを打っている。アメリカン・リーグの中で彼に続くのは、俊足バッターであるトロント（ブルージェイズ）のシャノン・スチュワートの86本、シアトル（マリナーズ）のイチロー・スズキの84本である。

僕もアメリカでの生活が長くなってきましたから、今ならばスラスラ訳すことができます。でも、当時だったらおそらく半分ぐらいしか分からなかったでしょう。

「ゴロキング」に関しては笑い話（?）があります。

この記事を書かれた直後、シンシナティへ遠征しました。試合のない移動日があり、日本から取材にきている報道陣がバーベキューパーティーを開いて、僕を招待してくれました。

屋外でおいしいものを食べて、色んな笑い話をして、最後は「一人一芸を披露する」ということになって、大いに盛り上がりました。

僕は一芸の披露ではなく、みんなに挨拶をしました。プライベートで盛り上がっている場ですから、ちょっとふざけて「明日からガンガン打てるように頑張ります」と言った後で「もう、ゴロキングとは呼ばせない！」と締め、しっかり笑いを取りました。それなのに翌日の試合の第1打席で、セカンドゴロを打ってしまいましたが。

この直後には、デイリーニューズ紙が、ジョージ・スタインブレナー・オーナーのコメントを掲載しました。「今の松井を見れば、パワーヒッターとして契約した選手でないことは、誰の目にも明らかだ」というものでした。

こんなふうに、ヤンキースでは、結果が出なければメディアに批判記事を書かれてしまうだけでなく、オーナーからも厳しい批評を受けます。

これはもう、当然のこととなっています。僕自身、そういった厳しい雰囲気でプレーをしたいと覚悟を決めていましたから、実際に批判されていることを耳にしても、それほど気にはなりませんでした。

というよりも、誰に言われるまでもなく、僕自身が一番「結果を出せていない」「チームに迷惑をかけている」と感じていました。ですから「こんな記事が出ているよ」と教えてもらっても、当たり前だなと思うまでで、驚くことはありませんでした。

プロですから、結果で評価が左右されるのは当然です。そういった記事は、僕が結果を出せば消えるわけです。「打つしかない」という発奮材料にしたことはありますが、動揺したり焦ったりすることはありませんでした。

それでも、周囲はかなり心配してくれました。特にトーリ監督は、ことあるごとに僕を呼んで「気にするな」と言ってくれました。開幕前からメディアに厳しく書かれることを予想していたのでしょう。2月のキャンプの頃から「メディアもファンも熱狂的なので、色々と書かれたりブーイングされることもあるだろうが、気にする必要はない」と助言をしてくれていました。

トーリ監督は「ヤンキースにきた選手には、ニューヨークの重圧に慣れる準備をさせておかなければならない」という考えを持っていました。

僕が入団する前年、オークランド・アスレチックスからジェイソン・ジアンビがFAでヤンキースに入りました。ジアンビは大リーグを代表するホームラン打者です。ファンの彼に対する期待度は、僕よりも、はるかに大きかったと思います。

そのジアンビは開幕直後から不振に陥り、本拠地のヤンキースタジアムでもブーイングをされ続けたそうです。5月中旬、延長14回にサヨナラ満塁本塁打を放ち、ようやくファンに認められたものの、そこまでは苦労したということです。

トーリ監督は「重圧に対する準備をさせておけば、ジアンビはもっといいスタートが切れた」と悔やんでいたそうです。だから僕に対しては、この点に関しても、かなり気を使ってくれていました。

そうした監督の配慮にも助けられました。また、あまり英語が分からなかったことも功を奏したのでしょう。

記事を気にして、心や打撃を狂わせてしまっては元も子もありません。僕が記事の内容をコントロールできるわけではありません。僕がコントロールできるのは、打席の中で相手投手の投げるボールを打つことです。

２年目以降も色々と記事は出ていました。打てない時には「ダメだ」と書かれているし、打ったときは「ゴジラがチームを救った」などと書いてあったようです。

自分が書かれた記事でも、僕はあまり気にしていないのでよく覚えていないのですが、広岡広報は、仕事柄よく覚えています。広岡広報によれば、打てないときには「松井のスイングは、まるでさびた門のように鈍い」といった記事もあったそうですし、怪我が多くなってからは「松井はヤンキースに必要ない」などと書いてあるものもあったということです。

内容を聞いても驚いたり、腹を立てたりすることはありません。そういう見方もあるのだろうなあと思うだけです。

もちろん事実無根だったり、人を傷付けるような記事は問題外だと思います。でも、きちんと取材された上で書く記事ならば、それでいいのではないでしょうか。

色んな記事があったにせよ、僕はニューヨークの記者の方々と、いい関係が築けたと思っています。日本のメディアは担当記者がよく交代しますが、ニューヨークの地元メディアの面々は、入団以来ほぼ同じメンバーです。

記者会見では誤解を避けるためにロヘリオ・カーロン通訳に付いてもらいますが、ロッカールームではマンツーマンで雑談をする機会も増えました。勝てない時、ヤンキースの再建論を熱心に語ってくれる記者もいました。立場は違いますが、一緒に戦った仲間のような気がしています。

ワールドチャンピオンになり、栄誉あるMVPを頂き、彼らに記事を書いてもらいました。打てない、勝てない時は厳しい評価。そして、勝った時、活躍した時には称賛を送ってくれます。厳しい評価があるぶん、彼らの称賛には重みがあると思います。

「いい」「悪い」が明確なニューヨークのメディアが、僕は決して嫌いではありませんでした。

ニューヨークという街、ヤンキースというチームは、僕にとって住みやすく、プレーしやすい場所でした。とても相性がよかったのだと思っています。

最高のお手本

周囲からの雑音に惑わされない。

これは巨人時代から意識してきたことですし、自分なりにある程度は実践できてきたと思っています。

しかし、ヤンキースには僕など及びもつかないほど自分をコントロールできている人物がいました。１９９５年から２００７年までヤンキースを指揮し、現在はロサンゼルス・ドジャースを率いているジョー・トーリ監督です。

監督という立場は、チームの勝敗について大きな責任を負います。少しでも負けが続けば、メディアからの批判にさらされます。スタインブレナー・オーナーからも厳しい言葉が飛んできます。その点でいえば、一選手である僕とは段違いなほど厳しい立場にいます。

強烈な例を挙げれば、トーリ監督はヤンキースの監督就任会見の翌日、新聞に「クルーレス・ジョー（何も分かっていないジョー）」と書かれたそうです。「トーリ監督は監督候補者の中で最後の選択肢であり、スタインブレナー・オーナーの操り人形にしか過ぎない」といった主旨で書かれていたといいます。

しかし、トーリ監督は怒るでもなく「別に構わない。これだけすごいチャンスを与えられたんだから何を言われても平気だよ」と受け流したそうです。

僕はトーリ監督が報道に対して、心を乱しているシーンを見たことがありません。どんな記事が出ていようとも、監督はいつも平然としていました。チームの状態が良いときも最悪のときも、ティーバッグで入れた日本茶を持ってベンチに行き、メディアの方々と話をしていました。どんな話をしているかは、僕ら選手には分かりません。でも、知り合いの記者から聞いたところによると、どんな質問にも、いつも静かに受け答えをしていたそうです。

'05年は開幕から出遅れました。4連敗をして4勝8敗になったとき、スタインブレナー・オーナーが声明文を発表しました。

広岡広報が資料を持っていたので、一部引用してみましょう。

Enough is enough. I am bitterly disappointed, as I am sure all Yankee fans are, by the lack of performance by our team. It is unbelievable to me that the highest-paid team in baseball would start the season in such a deep funk. They are not playing like true Yankees. They have the talent to win and they are not winning. I expect Joe Torre, his coaching staff and the team to turn this around.

もうたくさんだ。私はひどく失望している。チームが結果を残せず、すべてのヤンキースファンも私と同じ心境だと確信する。球界最高給のチームがこんなひどい状態で開幕スタートするなんて、私には信じられない。本当のヤンキースのプレーができていない。勝利のために才能あふれる選手をそろえながら、これまで勝てていない。ジョー・トーリと彼を支える全コーチ陣、そしてチームには、これから巻き返してくれるものと期待する。

もちろん僕も、非常に苦しい時期だったことを覚えています。この日は試合後にミーティングをしたと記憶しています。

翌日に「トーリが選手を一喝した」などと書いたメディアもあったようですが、実際はまったく違います。このときも、トーリ監督はいつもと同じように冷静な口調で「あの声明は君たちではなく私に対して言っていることだ。こういう時期だから雑音も入ってくるだろうが、君たちが気にする必要はない」と話してくれました。

あのミーティングは、選手の不安を取り除くために開いてくれたのでしょう。監督自身が内心、どう思っていたのかは僕には分かりません。心中穏やかでなかったことは間違いないと思います。

しかし、激高もせず、過剰に反応もせず、冷静に振る舞っていました。僕はあらためて素晴らしい監督の下でプレーしているんだと感じましたし、立場は違いますが、劣勢に立ったときに自分もこうありたいと思いました。

トーリ監督の冷静な態度には、何度助けていただいたか分かりません。１年目の'03年、打てずに悩んでいたときには「思うような結果は出ていないが、君のことは信頼している」と言ってもらいました。苦しい時期だっただけに、この「信頼」という言葉が強く胸に響きました。

決して選手を甘やかしていたわけではありません。ミスをしたときには厳しい言葉もかけられました。走者が三塁にいる場面の守備で、僕は浅いレフトフライを捕りました。「これだけ浅ければ走者はタッチアップをしないだろう」と決めつけて、のんびりと山なりの返球をしたために、生還を許してしまいました。大チョンボです。

このときはベンチに戻るなり、「ヒデキ、あれはどういうことなんだ。しっかり分かるように説明してくれ」と強い口調で指摘されました。

時に温かく、時に厳しく。その使い分けは見事というしかありませんでした。

トーリ監督はよく「100%」という言葉を使いました。「できることを100%やろう」というのです。

普段できないプレーを試合でやろうとしたら、きっと失敗してしまうでしょう。150%、200%の力を出そうとする必要はありません。ただ、手を抜いて50%、60%ですませていいはずもありません。

だから「100%」なのです。

トーリ監督は常にそれを実践していたように思います。だからこそ、強烈な個性を放つオーナーにも、厳しいメディアにも対応できたのだと思います。

僕が骨折をしたときも、トーリ監督は配慮をしてくれながらも、僕の判断や意思を最優先してくれました。ベストの状態ではないとしても、僕がいけると思ったら試合で起用する。選手個人の意思を尊重するかわりに、選手には100%の力を出すことを求めるのです。自分で「大丈夫」と言っている選手を使わないことで、その選手のモチベーションが下がり、80%、あるいは60%ほどの力しか出せないことを危惧しているのだと思います。

ヤンキースへ移籍したとき、もしもトーリ監督がいなかったら……。僕は力を出すことができず、つぶれてしまったかもしれません。トーリ監督には感謝してやみません。

ジーターが教えてくれた誇り

トーリ監督と並んで、お手本にしたい人物がいます。僕と同じ年の遊撃手で、チームのキャプテンを務めるデレク・ジーターです。

大リーグ1年目、フロリダ州タンパで行われたスプリングトレーニングで、右も左も分からなかったときのことです。

「お前がガッジーラか。きょうからオレをジーと呼んでくれ。ニューヨークでは球場まで車で乗せていってやるよ」

こう言って真っ先に声を掛けてくれたのがジーターでした。

「オレの家でボクシングのマイク・タイソンの試合を見ながらパーティーをやるから遊びに来いよ」と誘われたこと、ボビー・アブレイユ選手も含めて年齢が同じ3人でだれが最初に結婚するかを賭けたことなどは、チームに溶け込む過程の出来事として、非常によく覚えています。

ジーターはメンタル面だけでなく、成績の面からみても、間違いなくチームリーダーです。

彼のメジャー通算安打は2747本で、3000本の大台へ迫っています。イチローさんが9年連続でシーズン200本以上のヒットを放っていますが、ジーターも7度、200本安打を超えています。ポストシーズンでは史上最多の安打を放っており、ワールドチャンピオンには5度輝いています。その勝負強さから「ミスター・オクトーバー」「ミスター・ノーベンバー」(ポストシーズンが開催される10、11月に強いという意味)と呼ばれているほどです。

彼の活躍を書いていてはキリがありません。ただ、彼のすごさというのは、決して数字では表せないと思います。

2004年の開幕直後、ジーターは、彼の実力からすれば信じられないような不調に苦しんでいました。なんと32打席ノーヒット。バッターにとって32打席というのは、永遠のどん底のように感じてしまう長さです。とてもつらい日々だったと思います。

しかし、その間、ジーターの態度には何の変化も見えませんでした。凡打を放っても全力で一塁ベースへ走っていき、アウトになった後はベンチに戻って、いつものように仲間に声援を送っていました。

当時チームメイトだったゲーリー・シェフィールド選手が「ジーターは結果が出ない間も、ヒットが続いているような態度を貫いた。人間として素晴らしい姿だった」と評していましたが、まさにその通りだと思います。

人間というのは物事がうまく進んでいる時よりも、うまくいかない時の方が本性が出るのではないでしょうか。そういう意味でジーターは、常にヤンキースのリーダーとしてふさわしい態度を示し続けていたと言えます。

僕がヤンキースへ移籍した年のオープン戦で、こんなことがありました。

ツーアウトでバーニー・ウィリアムス選手が二塁に出ている場面で、僕がヒットを打ちました。バーニーは俊足の選手ですし、当然ながら1点が入るだろうと思いました。でも、バーニーはスタートが遅れてしまったのでしょう、三塁で止まってしまいました。

バーニーほどの大選手でもミスはあります。僕は、仕方がないなと思っていました。しかし、スリーアウトになってベンチに戻ると、僕はジーターから声をかけられました。

「マツ、バーニーのところへ行って、何でホームへ還ってこられなかったのか聞いてきなよ」

バーニーは僕らより年上です。しかも、大リーグを代表する名選手で、僕は何の実績もない新人に過ぎません。僕はちょっとモゴモゴしていたのですが、ジーターは「行ってこいよ」と譲りません。

僕が遠慮がちにバーニーに近付くと、バーニーから「申し訳なかった。次からは気を付ける」と謝罪されました。

これがヤンキースなんだなと思いました。

オープン戦ですから、得点が入らなくても大した問題ではありません。しかし、もし大事なゲーム、例えばワールドシリーズの第7戦で同点の場面だったらどうでしょうか。この1点が入らなかったために、チャンピオンを逃してしまうかもしれません。

僕は、人間はそれほど器用ではないと思っています。オープン戦だからオープン戦用のプレー、ワールドシリーズだからワールドシリーズ用のプレーと、簡単に区別できるものではないように思います。

「まあ、仕方がない」という妥協が積み重なってしまえば、とても勝てるチームにはなれません。妥協を許さない厳しい雰囲気こそが、常勝ヤンキースを支える柱なのでしょう。バーニーの気を引き締めると同時に、ジーターは僕にもそのことを教えてくれたのではないか、そう思うのです。

ジーターは'95年にメジャーデビューし、翌'96年からレギュラーに定着しました。この年、ヤンキースは18年ぶりのワールドチャンピオンを勝ち取りました。トーリ監督の就任と、ジーターの台頭が、ヤンキース復活の大きな原動力となったことは容易に想像できます。

以後、'98年、'99年、'00年と続けざまにワールドチャンピオンに輝いています。ジーターはレギュラーに定着してから5年間で4度のワールドチャンピオンを勝ち取ったことになります。

しかし、それ以後は栄光の座から遠ざかってしまいました。僕も'03年に入団してから優勝する'09年まで、とても長く感じました。ジーターにとっては、もっと長く感じられたと思います。栄光を知っているからこそ、その後とのギャップに苦しんだのではないでしょうか。

ワールドチャンピオンを勝ち取った後、ナインと代わる代わる抱擁した中でも、ジーターと抱き合ったときは、感極まるものがありました。彼のような選手とプレーでき、喜びを分かち合えた経験は、何ものにもかえられない貴重なものだと感じています。

シーズン終了後、「来年も同じチームだよな、マツ!」と言われて以来、話していませんが、今度顔を合わせるのは開幕直後のヤンキースタジアムでの試合でしょうか。'10年のシーズン、ジーターと対戦するのが楽しみです。

誇りこそが力の源

ヤンキースの魅力は数多くあります。しかし、ただ一つだけ挙げるならば、選手が胸に抱く「誇り」だと思います。

大リーグは毎年のように選手の移籍が激しくありますから、ヤンキースにも他球団から移籍してきた選手がたくさんいます。また、アメリカだけでなく、ドミニカ共和国やパナマ、プエルトリコなど、僕も含め、あらゆる国から選手が集まっています。

それぞれに違う習慣や風習を持っており、価値観や考え方も大きく異なります。それなのに、誰もがヤンキースの一員であるという誇りを持っているように感じます。僕は強く感じていましたし、これまで一緒にプレーした仲間を見ていても、ほとんどの選手がそうであるように見えました。

ヤンキースタジアムのクラブハウスからグラウンドへ向かう通路に、伝説の名選手、ジョー・ディマジオの言葉が書かれています。

I want to thank the Good Lord for making me a Yankee. Joe DiMaggio

ヤンキースの一員になれた幸運を神に感謝したい　ジョー・ディマジオ

僕はこの言葉を見るたびに気持ちが奮い立ちます。プレーオフなどの大一番でプレッシャーがある時でも、調子が悪くて弱気になりそうな時でも、また怪我の痛みに負けそうになった時でも「オレはヤンキースの選手なんだ」と思うだけで、力が湧いてくるようでした。

ヤンキースの誇りということでは、1931年にヤンキースの監督に就任したジョー・マッカーシーの影響が強いと聞いたことがあります。

マッカーシーは、ヤンキースの選手は移動の際に常にスーツとネクタイを着用することを定め、ことあるごとに「君たちはヤンキースの一員としてふさわしい行動をするように」と言っていたそうです。実話か伝説か分かりませんが「酒を飲むならホワイト・ホース・スコッチだ。名もない安酒は飲むな」と、お酒の銘柄まで指定して品格を求めたといいます。

確かに、僕もチームに在籍して「ヤンキースの一員として」という厳《おごそ》かな雰囲気は感じ取りました。過去の栄光にすがるというのではなく、ヤンキースの輝かしい歴史を作り上げてきた諸先輩の魂を受け継ぐという感じでしょうか。ピンストライプのユニホームには、そういう力が備わっているように思えます。

ヤンキースタジアムという球場にも不思議な力を感じます。「ルースが建てた家」と呼ばれた球場は、2008年を最後に、86年にわたる歴史に幕を閉じました。

足を踏み入れただけで、伝統や歴史を感じます。四方に高々とそびえたつ観客席。アッパーデッキと呼ばれる最上階は、グラウンドから見ると、空と同じくらい高く感じられるほどです。ライト後方には、地上へ上がったばかりの地下鉄が走っています。

「ここでベーブ・ルースがプレーをしたのか」と思うと、感慨深いものがありました。ヤンキースタジアムでプレーできる感激は、何年経っても薄れるものではありませんでした。これは、野球選手として、非常に幸せなことだったと思っています。

チームメイトたちも、ピンストライプのユニホームを着て、ヤンキースタジアムでプレーをすることに特別な感情を抱いていました。その感情がヤンキースの一員としての誇りとなり、勝利に向かって一丸となる力になっていくように思います。

'09年からは、隣接する土地に建設された新しいヤンキースタジアムを使うようになりました。60室の豪華プライベートスイートやメジャー最大級の電光掲示板など、最新の設備を備えていますが、神殿のような外観は変わりませんし、歴代の名選手のレリーフが飾られているモニュメントパークも、以前のまま移転しています。

その伝統ごと、歴史ごと引っ越したようなものです。

何より継承したかった伝統は、ワールドチャンピオンという栄光です。僕ら選手にとってもそうでしたし、ファンにとっても一番の関心事だったでしょう。新球場での初年度にチャンピオンの座についたことは、伝統を引き継いだという意味でも大きかったと思います。そして、自分がその場にいられたことを、たいへん嬉しく思います。

世界一のヤンキースナイン

2008年までのヤンキースには、僕も含めて、チームが窮地に立った時に悪い流れを断ち切れる選手が少なかったように思います。プレーオフに入っての短期決戦では、本当にちょっとした流れで戦況がどんどん変わっていってしまいます。流れが一度、相手にいってしまったら、巻き返すのは非常に難しい。そういう流れを少しでも早く、止められる選手がたくさんいるチームが勝ち抜くのです。野手であっても、投手であっても、逆境に強かったり、土壇場で踏ん張れる選手がいなくてはいけません。そういった意味で、'09年のヤンキースナインは本当に頼もしく感じました。

'09年のヤンキースでは、サヨナラ勝ちを導いたヒーローにまつわる2つの儀式がありました。

ひとつはヘルメット投げです。サヨナラ打を放った選手は自分のヘルメットを放り投げ、それを受け取った選手に幸運がもたらされるというものです。結婚式で花嫁が投げたブーケを受け取った人が次に結婚できるというゲン担ぎのようなもので、ラテン系の選手たちが始めてチームに定着しました。

もうひとつは試合後、ヒーローインタビューを受けている選手の顔にホイップクリームを塗りたくることです。これは'09年のシーズンからヤンキースに加入したA・J・バーネット投手が持ち込んだいたずらです。当初はシェービングクリームでしたが、最初の犠牲者となったポサダ捕手の目が充血、口にもシェービングクリームが入って大騒ぎになって以来、食べても害のないホイップクリームに変更されました。サヨナラ打が飛び出すと、ロッカールームで待機する投手が隣の食堂へ駆け込み、パンに甘いホイップクリームを塗りたくってヒーローを待つようになりました。

7月20日のオリオールズ戦でサヨナラ本塁打を放った僕は、インタビューの最中に甘い祝福を受けたことを、いまでも鮮明に覚えています。また、本塁打を放ってホームインするとき、放り投げたヘルメットはメルキー・カブレラ選手が取り損ない、最終的にはアレックス・ロドリゲス選手がキャッチしたそうです。

ヤンキースにはそれまで、グラウンド外でも様々な制約がありました。「ロッカールームでは静かにすること」、「遠征時はスーツ着用」、「移動のチーム専用機の中で騒がない」といったことですが、これらの多くが'09年のシーズンからなくなりました。移籍組の選手と生え抜きの選手、ベテラン選手と若手選手をうまく融合させ、よりよいムードをつくるために球団が配慮したのだと思います。ジラルディ監督自らスプリングトレーニング中にビリヤード大会を企画したり、「カンガルーコート」といって、お遊びの模擬裁判を開催したりもしました。

あれは10月20日、エンゼルスを10対1で下して、ワールドシリーズ進出に王手をかけた試合後のことでした。

ロッカールームではサンバが大音量で鳴り響き、ロビンソン・カノー選手、メルキー・カブレラ選手、'09年から加入したニック・スウィッシャー選手らが、リズムに合わせて激しく踊っていました。彼らが笑顔で踊る姿を目《ま》の当たりにして、少々のミスなど跳ね返し、地力で相手をねじ伏せてしまうたくましさというか、これまでとは違うチームの勢いを感じたのを記憶しています。

'09年のチームはとにかく明るかったと思います。戦力面で投打のバランスが取れていたのはもちろん、このエネルギッシュな明るさもワールドチャンピオンの原動力になったのではないかと考えています。

気持ちの区切り

2003年、ヤンキースに入団した際は3年契約でした。その後、4年契約を結び直したので、7年間ヤンキースでプレーしました。'09年にワールドチャンピオンになり、「ああ、これで一つの区切りだな」と感じたことは確かです。

ヤンキースにあこがれ、海を渡ってきました。

何度も言いますが、僕はニューヨークという街が好きだし、ヤンキースも好きです。ヤンキースを愛しているファンも大好きだし、そういう意味で僕は素晴らしく恵まれた環境の中でプレーできたと思っています。

ですから、もしヤンキースから必要とされるのならば、それが一番うれしいことは間違いありません。しかし、ヤンキースにはヤンキースのプランがあります。長期的なプランもあれば、短期的なプランもいろいろとあると思います。そのプランに、「絶対に僕を入れてくれ」という気持ちはありませんでした。

皆さんご存知の通り、ワールドシリーズが終わった時点で、僕は翌年にどこのチームでプレーするか分かりませんでした。その頃には、移籍するという予測記事もたくさん出ていたと思います。

僕自身は、もしかしたら来年もヤンキースかもしれない、という思いもありましたが、

やはり気持ちの中では、一つの区切りをつけていたと思います。

当時の自分の漠然とした気持ちを言葉で表現するのは難しいのですが、ヤンキースと再契約したい気持ちはあるとしても、ヤンキースからのオファーだから飛び付く、ということにはならないだろうと思っていました。自分にとって大事なことを熟考した上で決断し、その結果がヤンキースということはあっても、ヤンキースを最優先する気持ちはありませんでした。

シーズンが終わった時点では、どこからもオファーを受けているわけではありませんでしたが、漠然と、そう感じていました。

ニューヨークという街で、ヤンキースというチームでワールドチャンピオンに輝いたことは、もう言葉もないほど素晴らしい経験でした。でも、僕はこれを機に野球を辞めるわけではありません。この素晴らしい経験をプラスにするも、マイナスにするも自分次第です。この経験についてじっくりと考え、今後の野球人生にとってプラスにしていきたいと思います。

第6章　人生で一番大切なこと

叱ってくれる家族

最大の目標だったワールドチャンピオンを達成、MVPまでいただくことができました。ただ一夜明けても、特別な感情は生まれてきませんでした。ようやくの「世界一」ですから、嬉しいに決まっています。嬉しいのだけれど、どこか夢のような出来事というか、世界一になったことが、実感としてすぐに湧いてきませんでした。もう、球場に行く必要もありません。シーズンは終わりましたが、休みに入ったという感覚もありません。なにか、不思議な感じでした。

おそらく何十年も後に、このときのことを振り返って、ああ、ものすごい一日だったなと思えるような気がします。

ワールドチャンピオンになって、自分は何を手に入れたのか。それは今後の人生にどう影響するのか。一晩経っても、答えはなかなか見つけることができませんでした。

ただ、ひとつ言えるのは、自分は決してひとりの力でワールドチャンピオンになれたわけでも、MVPを獲得できたわけでもないということです。実感は湧かなくとも、自分を支えてくれた人たちに対する感謝の気持ちは真っ先に持ちました。

中でも、これまで事あるごとに自分を叱咤《しった》、激励してくれたのは両親でした。

父とは普段からよく、メールや電話でやり取りしています。野球以外のことでも、読んでためになる新聞記事をみつけたときは、この日のこの新聞にこういう記事が出ていたので目を通したらどうか、とメールをしてきてくれます。

35歳になる息子にいまさらと、わずらわしく思うことがないわけではありません。けれども、思ったことを忌憚《きたん》なく意見してくれる、おかしいと思えばおかしいと真剣に叱ってくれるのは、肉親だからこそです。そう考えると、父との親子関係は誇らしくもあります。

僕がグラウンドで野球に専念できるのも、父が日本でのCMやマーケティングに関す

る煩雑《はんざつ》な実務を一手に引き受け、切り盛りしてくれるからです。

あれは僕が小学生のころだったでしょうか。当時、技術者だった父は、仕事に没頭するあまり、僕を車の中に置き去りにしてしまったことがあるそうです。長嶋監督が長男の一茂さんを球場に忘れて帰宅した話は有名ですが、父にも同じうっかり屋の一面があると思うと、因縁のようなものを感じます。

母は、僕と父の間に生じた誤解や、考え方の違いによる対立などの仲裁役、まとめ役でもあります。僕と父との間の潤滑油のような存在といえるでしょう。松井家の〝調整役〟でしょうか。

両親は当初、２００９年のワールドシリーズは1、2戦だけを観て、帰国する予定でした。「せっかく来たのだから最後まで観ていったら」と兄夫婦と僕が勧め、敵地フィラデルフィアでの試合も含めて全戦観てもらいました。その結果、ワールドチャンピオンになった瞬間とMVPを貰っている姿を球場で見てもらうことができて、本当によかったと思っています。

これで恩返しができたとは思っていませんが、少しは親孝行をすることができたかな

と感じています。もちろん、僕が野球を始めるきっかけを与えてくれた兄に対しても同様に感謝の気持ちでいっぱいです。

妻への感謝

2008年3月26日、僕はニューヨーク市内で結婚式を挙げました。開幕前に結婚式を挙げたのは、シーズンが始まる前に自分の中でけじめをつけたかったからです。

その日はスプリングトレーニングの最中でした。事前にジラルディ監督に結婚することを報告、休養日に1日だけキャンプ地を離れたいと伝えると、

「ワオッ！　おめでとう！　それはいい知らせだ！」

と快く送り出してくれました。

25日、フロリダ州ウィンターヘブンで行われたインディアンスとのオープン戦終了後、プライベートジェットでニューヨークへ。翌日、式の終了後に再びキャンプ地のタンパへ戻るという慌《あわただ》しいスケジュールでしたが、結婚式は思い出深いものとなりました。

結婚したことで、生活が色々な意味できちんとするようになったことは、野球をやる上で、明らかにプラスになったと思います。

'08年のシーズン中に左膝を痛めるまでは、体調も非常によい状態でした。'09年も手術明けだったにもかかわらず、一度も故障者リストに入らずに乗り切れたのは、妻の存在が大きかったと思います。

所帯を持ったことでグラウンド内外の様々な部分でプラスになったと感じていますが、僕にとって最も大きかったのは、配偶者という存在がいることを、自分自身が自覚していることだと思うのです。

つまり、僕自身の意識の問題です。

グラウンドに向かう気持ちは、それまでとは明らかに変わりました。もう、ひとりではないというか、ともに戦う家族が増えたと言えばよいのでしょうか。野球をやる上で、生きていく上で、それまで以上に気持ちに張りがでたのは間違いありません。

家族のために頑張るということではありません。何のために頑張るかといったら、それはチームのために頑張ります。そのスタンスはいまも、そしてこれからも変わりませ

ん。自分がチームの勝利を目指して頑張れば、自分のためにも、ファンのためにも、そして家族のためにもなるのだと思います。

亜希子さんの手料理

巨人時代、東京ドームの試合前に、長嶋監督のご自宅にお邪魔したときのことです。長嶋監督に素振りをみてもらい、その後、昼食をごちそうになりました。肉、魚、煮物、サラダ……食べ切れないほどのおかずが、食卓にズラリと並びます。すべて奥様である亜希子さんの手料理でした。亜希子さんは食事の準備を終えると、僕に「頑張ってね！」とだけ声を掛け、ダイニングルームを出て行きました。

食事をしている最中、監督は「松井なぁ、野球選手の女房は本当に大変だぞ」と切り出すと、日常の食生活に始まって、結婚して数字が出ないと奥様が矢面《やおもて》に立たされることなどを切々とおっしゃいました。

亜希子さんは2007年9月、心不全で亡くなりました。監督の田園調布のご自宅で

かけていただいた明るい声は、いまでも僕の脳裏に焼きついています。'04年3月に長嶋監督が脳梗塞で倒れてからは、辛いリハビリに献身的に付き添っていた姿がとても印象的でした。

'07年のオフ、帰国した翌日、長嶋監督のご自宅に伺いました。監督に奥様のお墓参りをしたいと告げ、都内にある長嶋家のお墓に連れて行ってもらい、お線香を供えました。ヤンキースに入って7年目で世界一になり、MVPまでいただいたことを直接ご報告できなかったのが、残念でなりません。

長嶋監督は奥様を最後まで、あえて表に出そうとはしませんでした。その分も、ご自身がファンやマスコミにサービスをしていました。それは、長嶋監督の配慮だったように思います。

僕自身は、高校の頃からマスコミの取材を受ける機会がありました。記者の方々からたくさんのことを学ばせていただいたという気持ちもあります。しかし、普通の生活をしてきた一般の人にとっては、マスコミに取りあげられるというのは、すぐに慣れるものではありません。生活ががらりと変わってしまうこともあります。

ですから僕も、長嶋監督のように妻を表に出すことはせず、なるべくこれまで通りの生活をさせてあげたいと思うのです。そのことがプレーにも良い影響を与えるはずだと思っています。

長嶋監督がこんなにも人気があるのは、現役時代の活躍ももちろんですが、そのサービス精神に拠るところも大きいと思います。僕もそれを見習い、いつどんな状況でも、マスコミやファンにむけて、きちんと話していきたいと思っております。

永遠の師

ヤンキースがワールドチャンピオンになった直後、クラブハウスでシャンパンファイトが行われている最中でした。

僕はこっそり会場を後にすると、ロッカールームに戻り、携帯電話から日本にいる長嶋監督に電話をしました。

監督は試合を見てくださっていたようで、受話器の向こうから興奮冷めやらない、あ

のカン高い声が聞こえてきました。

「松井、本当によかったな！　おめでとう！」

「本当にありがとうございました。ここまでこられたのは監督のおかげです。ようやく世界一になることができました」

こう言うと、自然と目頭が熱くなりました。

長嶋監督の現役時代は、FA制度などありません。日本のプロ野球選手が大リーグでプレーすることなど、それこそ夢のような話だったと思います。長嶋監督もできることなら大リーグでプレーしたいという夢を抱いていたようです。

僕が2002年のオフ、FAで大リーグ挑戦を決めたとき、監督は「もう、決めたことなのか。考え直す気はないのか」とおっしゃいました。僕が「はい。決めました」と答えると、「よし、分かった。行くなら頑張って来い」と、肩を叩いて励ましてくれました。

そのとき長嶋監督は、自らが成しえなかった夢を、あるいは僕に託そうとしてくれたのかもしれません。僕もまた、長嶋監督の思いも背負って、これまでプレーしてきたよ

うな気がします。

ですから'04年、長嶋監督が脳梗塞で倒れたと知ったときには非常にショックでした。リハビリはそれこそ血の滲《にじ》むような努力があったと人づてに聞いていますが、驚かされるのは、毎年、オフに帰国してお会いするごとに、監督の肌の色つやがよくなり、若返っていくように見えることです。

ステーキ、洋食、中華料理、ふぐ……長嶋監督はオフになると毎年、超一流の店に食事に連れて行ってくれるのですが、いまでも僕と同じ量の料理をペロリと平らげてしまうのですから、本当にビックリしてしまいます。

シーズン中、僕の打撃に関して気付いたことがあれば、すぐに電話で「打席でのシルエットが前かがみになっているぞ」「すこし体重移動がおかしいのではないか」などとアドバイスしてくれます。

3年連続で手術をしたときも、そのたびに「松井、リハビリはうそをつかないぞ」と励ましてくれたのは長嶋監督でした。監督は、いわば僕の生涯の恩師だと思っています。

アメリカでの恩師

２００９年11月13日の夕方、僕はニューヨークのマンハッタンにいました。ジョー・トーリ現ドジャース監督のパーティーに出席するためです。

トーリ監督は'02年に、子供を家庭内暴力から守るため「Joe Torre Safe At Home® Foundation」という基金を設立し、毎年、チャリティーのパーティーを開いています。

ゲストの顔ぶれは豪華で、マライア・キャリー、ブルース・スプリングスティーン、ジョン・ボン・ジョヴィなど、毎年、そうそうたるメンバーが出席しています。この年のゲストはポール・サイモン。彼は大のヤンキースファンで、お孫さんと共に出席していました。会場では、「明日に架ける橋」「ボクサー」「サウンド・オブ・サイレンス」を披露してくれました。

歌い終わると、ポール・サイモンの方から「ワールドシリーズは大活躍だったね。孫が大ファンなんだ。サインをしてくれないか」と声を掛けてくれました。

ヤンキースからは僕のほか、ジーター選手、ポサダ選手、リベラ選手、ペティット選

手の5人が毎年招待され、出席しています。

ヤンキースの主力選手たちがいまでもトーリ監督のために一肌脱ぐのも、ゲストたちが喜んで出席するのも、ひとえにトーリ監督の人柄によるのだと思います。

トーリ監督は当時、ヤンキースからFAになっていた僕の去就を気にかけてくれていたのでしょう。会場で僕の姿を見つけると、すぐに声を掛けてくれました。

「ヒデキ、元気か？　ワールドシリーズの活躍は、本当にスゴかったな。いつでもドジャースは待っているぞ。言ってくれれば（フロントに）口を利くから」

トーリ監督は常に、ユーモアを忘れません。何気ないジョークで、物事を客観的に見る余裕を与えてくれることが多々ありました。'06年に左手首を骨折、復活を目指して地道なリハビリをしている最中も、トーリ監督のユーモアに何度救われたかわかりません。

そして、この時も去就の決まっていない僕に気楽に声をかけ、「でも、膝のことを考えたら、（DH制のある）ア・リーグがいいだろう。1年間プレーしてみて、来年、（満足いく契約を結べるよう）勝負をかければいいんじゃないか」とアドバイスしてくれたのです。

トーリ監督は'07年のオフ、ヤンキースを去りました。実質的には「解雇」だったとも聞いています。

しかし、すぐにドジャースの監督に就任し、1年目から2年連続地区優勝を達成、その手腕は再評価されました。自分なりにベストは尽くしながら、結果としてヤンキースを去ることになった監督が、それでもくじけず、あきらめずに進んでいけば、自ずと道は開けるということを伝えてくれたように思います。

ヤンキースが当時、僕を引き留めることに必ずしも積極的ではなかったことを踏まえてのアドバイスだったのかもしれません。

'08年3月、僕が結婚した直後でした。あえて報告はしなかったのですが、真っ先にお祝いの品物を自宅に送ってくれたのが、トーリ監督でした。

大リーグ1年目から公私に渡って支えてくれたトーリ監督もまた、僕にとってはかけがえのない恩師です。

「チーム松井」を支える2人

この7年間、だれよりも長い時間を一緒に過ごしたのは広岡勲広報とロヘリオ・カーロン通訳でしょう。

遠征先でも、移動の飛行機でも、そして手術の麻酔から覚めたときも、僕の傍《かたわ》らには常に2人がいました。そして公私ともに、僕をサポートしてくれました。

僕たち3人は、何をするにも非常にバランスが取れている気がします。あるひとつの物事に関して意見を言い合うと、必ずといっていいくらいバラバラになります。

これが2人だとギクシャクするのかもしれませんが、3人というのは意外と角が立たないものです。むしろ、色々な考え方が吸収できますし、物事を判断する上での選択肢も増えていきます。

3人に共通するのは、時間にルーズな点でしょうか。ひとりでも、時間にきっちりとした人がいれば耐えられないことも出てくるかもしれませんが、そろってアバウトなおかげで救われている部分が多い気がします。

広岡広報とロヘリオ通訳は、「自分たちは助さん格さんみたいなもんだろ」と言いますが、そうすると僕は水戸黄門ということになってしまいます。それはなんだか嫌なので、「それなら『西遊記』に出てくる三蔵法師に、孫悟空と猪八戒《ちょはっかい》といったところかな」などと冗談を言って笑い合っています。そんな気のおけない仲間たちです。

3人は2009年のシーズンでヤンキースを離れ、そろってエンゼルスに移籍することになりました。だれかひとりが欠けても、バランスが取れなくなるような気がします。今後も2人のサポートは欠かせません。

職業としてのプロ野球選手

家族、恩師、同僚、広報、通訳……僕はこれまで、様々な人たちに支えられ、プレーしてきました。彼らのサポートなしに、目標を達成することはできなかったでしょう。

そして念願だったワールドチャンピオンになって、改めて僕をサポートしてくれた人たち、応援してくれるファンの方々、ひいては僕と社会との関わり方についても考えて

みる必要があると思いました。

ある作家が、自らの生い立ちを語っていたなかで、印象深い話がありました。学生時代、父親から将来、何の仕事をして生きていくつもりかと聞かれ、「小説家になりたい」と答えると、「頼むから、そんな非生産的な仕事をするのはやめてくれ」と懇願されたそうです。

その作家は苦笑しながら当時を振り返っていましたが、作家が苦笑していた理由も、父親が小説家を「非生産的な仕事」と断じたのも、何となく分かる気がします。

例えば料理人であれば、自分で作った料理によって他人の空腹を満たしたり、幸せな気分にすることができます。農業に従事している方なら、お米や野菜などの農作物を作り、作った物をたくさんの人たちに食べてもらえます。職人であれば、自分の技術によって、製品を生み出します。彼らは自分の仕事が目に見える形となって、人々の暮らしを直接、豊かにするわけです。彼らの仕事がないと、みんな困ってしまいます。

小説家や作家もまた、小説やノンフィクションという作品を生み出すわけですが、それが人々の日々の暮らしを物理的に豊かにすることはありません。

僕を取材するある日本の新聞記者は、「自分が原稿を書くことで、読者とともに泣き、笑い、怒り、悲しむことができる」と言います。きっとその通りでしょうし、その方が誇りを持って仕事をされていることも分かりますが、書かれないから皆が困ってしまう、という記事ばかりでもないと思います。

だとすれば、作家や小説家、そして記者は、人々の暮らしになくてはならないものを生産している仕事と比べれば、ある意味で「非生産的」な仕事と言えるかもしれません。極端な言い方をすれば、明日からなくなってしまったとしても、衣食住にはあまり影響を与えないでしょう。

そして僕は、プロ野球選手という職業もまた、作家や小説家、あるいは新聞記者などに近いのではないかと思うのです。僕がどんなに頑張って本塁打をたくさん打ったとしても、それが直接人々の日々の暮らしを大きく変えることはないと思います。

では、そういう仕事をする意味は何なのか。どういう形で社会とつながっている意味を見出すべきなのか。そんなことを考えることがあるのです。

僕らの仕事はよく、「夢を売る職業」と言われます。

僕が本塁打を打ったり、ひたむきにプレーしたりすることで、人々の心を動かすことはできます。人々を勇気付けたり、感動させたりできることもあるでしょう。そこに意味があると思うのです。

何度も繰り返しますが、僕は野球が好きです。好きな野球だからこそ、だれにも負けたくありません。目指すのはただ、チームの勝利です。チームが勝つために自分にできることは何かを考え、自分なりに最善を尽くします。日々、それを繰り返すだけです。ただ、そうやってベストを尽くして結果を出すことができれば、自分のためにも、家族のためにも、恩師のためにも、そして、ファンのためにもなると思うのです。

今回、ワールドチャンピオンになって、MVPまで獲得できたことで、ファンの方々から感動したという話をいただきました。自分のプレーで人々の心を動かせた、勇気付けられたのであれば、こんなに嬉しいことはありません。

直接、食べられるもの、着られるものは作れなくても、それらを作っている方々の気持ちの糧になるようなプレーができれば、少しは社会の役に立てるかもしれないと思うのです。僕や記者のような（一緒にすると怒られるかもしれませんが）、「非生産的」な仕